Charles Catteau

Sept ans en Correctionnelle

un Premier les mains dans le cambouis

*En couverture, la pesée des âmes, Abbaye de Conques
photo R. Combal, OTCM
avec son aimable autorisation*

Introduction

Ce petit livre n'est ni un traité ni un livre de mémoires mais la relation d'un vécu, d'une expérience de juridiction. Il m'a semblé intéressant d'essayer de dire au citoyen ce qui se passe réellement en correctionnelle, sans transformation de la réalité, sans passion, sans sentiment *a priori*, sans souci de plaire au lecteur mais avec la seule préoccupation de lui permettre de se faire une opinion personnelle en lui laissant toute liberté de l'élaborer dans un sens ou dans un autre. S'il a une valeur c'est celle d'une peinture ou plutôt d'une photographie car il ne s'agit pas d'art pictural mais du constat d'une certaine pathologie sociale en dehors de toute velléité d'exploitation.

Si je me suis risqué à quelque critique ou recommandation c'est en fonction de ce vécu et dans le souci de contribuer, si je pouvais être entendu, à améliorer les choses.

J'espère avoir réussi à ne pas être trop influencé par mon exercice antérieur[*]: le lecteur le dira mais averti que ce vécu a existé ne pourra bien sûr l'ignorer.

---

[*]s'étant terminé par la fonction de premier président communément appelé « monsieur le premier », appellation reprise en sous-titre.

Pourquoi être juge de proximité ?

La question est double : pourquoi avoir voulu continuer l'exercice professionnel ; pourquoi vouloir rendre compte ?

La question de la continuation ne s'est guère posée pour moi, elle a surtout été posée par les autres.

Pour moi après 44 ans d'exercice juridictionnel au contenu assez riche et gratifiant tant sur le plan intellectuel que moral puisque j'ai été 11 ans juge des enfants, en deux lieux différents, puis président de tribunal de grande instance en trois lieux différents, puis premier président de cour d'appel en deux lieux différents, que j'ai pris quantité de décisions et rédigé quantité de jugements ou d'arrêts, que j'ai fréquenté quantité de collègues, d'auxiliaires de justice, de responsables de la cité voire d'esprits éminents, que j'ai côtoyé de hauts responsables, ministres, préfets, responsables du ministère de la justice, la recherche de la sérénité, de la paix et du calme aurait pu me conduire à jouir d'une retraite aussi acceptable qu'ordinaire. Pourtant la satiété n'était pas là : j'ai toujours aimé mon métier et les gens au profit ou au détriment de qui je l'exerçais ; j'aurais bien continué à l'exercer après 65 ans mais l'âge de la retraite n'a été reculé à 67 ans que quelques mois après que j'eus dû la prendre. J'ai tout naturellement décidé de poursuivre sous une autre forme pour deux raisons : j'avais très peur de l'inactivité et de la décadence intellectuelle ; je voulais continuer à faire travailler mes neurones et je ne pouvais le faire pleinement que dans mon champ de compétence, donc dans l'activité juridictionnelle. La seconde raison tenait au souci de rester en contact avec la société, de rester « branché » diraient les jeunes ; comme je n'avais jamais voulu avoir d'affichage et encore moins d'activité politique, comme je n'avais jamais eu l'âme collective sinon dans un cadre très délimité, par exemple à l'association des magistrats de la jeunesse, ou professionnel, à la conférence des premiers présidents, le moyen le plus simple de rester au contact était de continuer à voir des justiciables à l'audience et les professionnels de la justice en continuant à bénéficier des sources d'information réservées aux juges ou aux serviteurs de la justice notamment par la voie des communications informatiques. Le hasard a voulu que fut créé le juge de proximité 6 ans avant mon départ en retraite et que cette fonction soit accessible aux magistrats retraités pourvu qu'ils puissent exercer pendant un certain temps, au maximum 7 ans, avant d'avoir 75 ans : j'étais largement dans ce créneau ; comme j'aimais autant rédiger des jugements que tenir des audiences en écoutant, en discutant, en contredisant au besoin les interlocuteurs, comme j'aimais résoudre aussi efficacement que possible les problèmes posés, je me suis porté tout naturellement candidat à cette fonction avant de quitter irrémédiablement celle que j'exerçais.

Par contre pour d'autres la réponse à la question de la continuation se posait et on n'a pas manqué de me le faire savoir gentiment et subrepticement. Je ne pense pas que cette interrogation était liée à ma personne ; elle l'était plutôt à la fonction que je quittais. Une fonction a un affichage social et la perception qu'en ont ceux qui ne l'exercent pas n'est pas toujours celle de ceux qui l'exercent : la première présidence d'une cour d'appel bénéficie d'une aura spécifique ; le premier président n'est pas seulement le magistrat le plus élevé d'une région, le co-responsable avec le procureur général de la gestion d'une certaine quantité de juridictions, le supérieur hiérarchique de tous les magistrats du siège de la région, l'interlocuteur des barreaux de la région et des organes des auxiliaires de justice ou des professions juridiques, il est aussi l'héritier d'une histoire et d'un vécu juridique et même social local, notamment à Grenoble où le Parlement a joué un rôle dans la formation de l'identité dauphinoise, où le palais du parlement que nous avons dû quitter reste le plus beau monument de la ville, où des premiers présidents ont été reconnus au point que leur nom a été apposé sur les plaques de places ou de rues. J'ajoute que j'avais à tort ou à raison ajouté une certaine réputation acquise dans l'exercice de mes fonctions de président du tribunal au même lieu : j'avais eu à connaître, y compris en référé, d'affaires d'une certaine importance tant en raison de leur matière, par exemple désordres de lieux d'activité hautement scientifique, LETI ou Synchrotron, que de leur impact sur la vie de nombreuses personnes, plans sociaux dans la papeterie ou l'industrie mécanique (Neyrpic). Il n'est dès lors pas étonnant que certains aient considéré qu'un premier président n'avait pas sa place dans cette justice de proximité, à mots cachés justice des petits litiges et par nature des petites gens à rendre par des petits juges. L'objection ne m'a pas effleuré tant elle avait trait à l'écume des choses et non au fond des choses, tant je n'avais jamais recherché les honneurs au point que l'on m'ait reproché de les ignorer et d'être trop discret ; il me paraissait aussi important de traiter bien les petits litiges que d'avoir essayé de traiter bien les gros.

Je plongeais donc, après avoir été retenu, nommé et brièvement formé, dans cet exercice à triple objet : juger les affaires civiles dont l'intérêt du litige est inférieur à 4.000 €, ce qui ne me posait pas de problème technique après 28 ans d'activité quasi exclusivement civile, juger les auteurs de contraventions des quatre premières classes, ce qui était neuf pour moi qui n'avais jamais été juge de police et nécessiterait une formation sur le tas, siéger en correctionnelle, dernier volet dont il me paraît intéressant de rendre compte par ce travail que je soumets à mon lecteur.

Je décrirai d'abord ce que j'ai rencontré puis je dirai les réflexions que cette matière et son mode de traitement m'inspirent.

La matière, le contentieux correctionnel traité

Le juge de proximité siège au tribunal correctionnel en tant qu'assesseur et il ne peut y avoir plus d'un juge de proximité dans une formation collégiale (article 398 du code de procédure pénale) ; il siège selon une fréquence définie par le président du tribunal de grande instance ; cette fréquence varie évidemment selon les besoins de la juridiction : plus il y a de postes vacants de magistrats professionnels plus les juges de proximité, du moins lorsque leurs postes seront eux-mêmes pourvus, seront sollicités. Lorsque j'ai débuté nous étions quatre, puis trois puis deux juges de proximité : au début de mon exercice je siégeais une fois par mois, puis deux puis je ne siégeais plus pendant onze mois du fait de la surcharge de la proximité puis je siégeais à nouveau trois puis deux. En un peu plus de six ans effectifs, j'ai siégé à 117 audiences : en évaluant, très arbitrairement car certains audiences ont duré 2 heures, d'autres 10, une durée moyenne de 6 heures j'ai donc passé 702 heures en correctionnelle, l'équivalent de 20 semaines de 35 heures ou de 5 mois de travail.

Durant cette durée ont été traitées 893 affaires retenues, le nombre d'affaires appelées étant bien supérieur en raison des renvois pour causes diverses qui prennent néanmoins bien du temps. Ont été traitées 767 requêtes de condamnés, en général détenus, d'aménagement de peines.

Les prévenus avaient les âges suivants :
- 18-20 ans (8,8 %)
- 20-25 ans (26,07 %)
- 25-30 ans (20,4 %)
- 30-40 ans (23,4 %)
- plus de 40 ans (23,18 %)

Les femmes ont constitué 10,40 % du contingent.
Les hommes en ont donc constitué 89,6 %.

En ce qui concerne l'origine des prévenus 83 % étaient français dont 27 % d'origine maghrébine. Le nombre d'étrangers a été selon leur nationalité de :

- Algérie : 71
- Tunisie : 13
- Maroc : 10
- Afrique subsaharienne : 21
- Amérique du sud : 4
- Asie : 1
- Balkans : 19
- Turquie : 13
- Espagne-Portugal : 6
- Italie : 3
- Suisse : 1
- Grande Bretagne : 1
- Hongrie : 1

Les infractions reprochées ont été les suivantes, étant précisé que la compétence de la chambre où je siégeais incluait les affaires de nature sexuelle :

- vol-recel : 252 (29,3 %)
- violences au sens large : 187 (21,8 %)
- agressions sexuelles : 85 (10 %)
- escroquerie-abus de confiance
    ou de faiblesse : 83 (9,7 %)

- stupéfiants : 56 (6,5 %)
- armes : 33 (3,8 %)
- faux et usage de faux : 25 (2,9 %)
- inexécution de TIG
    (travail d'intérêt général) : 21 (2,4 %)
- évasion : 18 (2,1 %)
- pédo-pornographie : 14 (1,6 %)
- délits liés à la route : 13 (1,5 %)
- séjour irrégulier : 12 (1,4 %)
- apologie de terrorisme : 3 (0,3 %)
- autres : 56 (6,5 %).

En ce qui concerne les peines prononcées durant ces sept ans de siège correctionnel à temps très partiel la prison ferme a été prononcée pour une durée totale de 291 ans 4 mois, chiffre qui avant toute analyse bat en brèches l'idée reçue du laxisme de la justice ; je n'ai pas comptabilisé les innombrables peines de prison avec sursis avec mise à l'épreuve, de suivi judiciaire spécifique à la matière sexuelle, de prison avec sursis simple et dans une moindre mesure d'amende ou de travail d'intérêt général, les dispenses de peine. Par contre j'ai comptabilisé les dommages et intérêts alloués aux victimes et le total en a été de 1.839.027 €.

Telle a été la pathologie sociale soumise et le traitement appliqué. Je vais essayer maintenant de rentrer dans le concret de cette pathologie, ce qui permettra à chacun de se faire une idée du contenu des audiences avant de réfléchir avec moi au protocole de traitement.

Les vols et les voleurs

Le vol est l'infraction la plus ordinaire en apparence mais cette banalité recouvre une réalité foisonnante.

Juridiquement le vol peut être simple mais il est de façon très majoritaire accompagné de circonstances qualifiées selon la loi, par exemple vol avec violences ayant entraîné une incapacité, vol au préjudice de personne vulnérable, vol avec effraction, avec escalade, avec ruse, vol avec destruction, avec dégradation.

Sociologiquement et psychologiquement il est très difficile d'établir des catégories qui soient conformes à la réalité tant les faits commis et les motivations de ceux qui les commettent sont disparates sinon inattendus voire incohérents. La pâte humaine et la pâtée des faits est surprenante à quasiment chaque audience. En étudiant un florilège de ce que j'ai connu avec mes collègues je distinguerai les vols relevant du grand banditisme, les vols odieux avec agression des volés, les vols odieux en raison de l'état des victimes ou des lieux de commission, les vols en séries, les vols intéressés, les vols induits ou inattendus.

Les vols relevant du grand banditisme sont ceux commis avec une préparation en vue d'un grand profit, les moyens n'étant pas utilisés par hasard. Ainsi deux individus volent sur un terrain clos où une entreprise de travaux gare ses engins un camion et un tractopelle qu'ils vont utiliser quelques kilomètres plus loin pour atteler avec une corde un préfabriqué servant d'agence provisoire de banque et démanteler et pour défoncer le DAB ; ils seront retrouvés à cause d'un ADN trouvé sur la clé du camion mais pas les 80.000 € volés. On peut se demander si un lien les unissait à d'autres qui ont été jugés pour avoir découpé le grillage d'un autre dépôt et siphonné un camion, bien qu'ils aient prétendu contre toute vraisemblance qu'ils cherchaient un vélo à « piquer »... avec un bidon et un tuyau !

Cet autre groupe non content d'avoir cambriolé deux supermarchés où ils ont pris des espèces et une carte bancaire attaque les occupants d'un château en travaux vers lequel les confidences de la copine d'un des ouvriers y travaillant les ont orientés, frappent le propriétaire et les deux ouvriers, les ligotent, menacent le propriétaire de lui chauffer les pieds dans la cheminée, chargent dans leur camionnette des meubles et partent avec la Porsche Cayenne qu'ils vont revendre ; identifiés par l'ADN trouvé sur le papier collant utilisé pour bâillonner ils seront arrêtés après un car-jacking. Ils ne pensaient pas que les choses tourneraient ainsi !

Deux comparses pénètrent à scooter dans une exposition ; le passager avec une masse casse une vitrine et vole trois montres Tissot ; photographiés par les salariés de l'horloger ils sont arrêtés et lors de la perquisition on trouve une soixantaine de clés de voitures dans un quad.

Le caractère odieux de certains vols tient à l'agression physique des victimes de ces vols.

Lui qui met en avant qu'il n'a pas un casier « extraordinaire » (deux condamnations) à 25 ans a accompagné un copain pour une expédition : ils sont rentrés le soir cagoulés et masqués chez une employée de bijouterie de petite ville qu'ils n'ont pas hésité à embarquer dans leur voiture avec son bébé de six mois pour se faire ouvrir la bijouterie ; un client de kebab voisin qui les interpelle reçoit une balle dans la semelle de son tennis mais les fait fuir. Ils relâchent mère et bébé dans un village avant de jeter la voiture volée dans un bassin de rétention ;

les enquêteurs retrouvent dans la voiture du ruban d'adhésif que reconnaît la jeune mère et une barre de fer qui porte l'ADN du délinquant non « extraordinaire », lequel interpellé cinq mois après l'expédition soutiendra qu'il a pu monter dans cette voiture en faisant du stop ou qu'il l'avait fouillée sur le parking d'une mairie quinze jours avant !

Il en est de même du voleur qui suit les personnes âgées dans le hall de leur immeuble, sonne à leur porte, les bouscule pour voler leur carte et ratisse tout un quartier où il apparaît sur la vidéosurveillance jusqu'à ce que des policiers le voient jeter un sac et l'arrêtent et qu'il soit reconnu par certaines victimes.

Deux autres sont rentrés au deuxième étage en escaladant la façade pour pousser une vieille dame de 89 ans chez elle, la bâillonner et essayer de lui voler ses 60.000 € d'économies évoquées devant eux par la nièce de cette dame mais elle crie tant avant bâillon que les voisins frappent à la porte, qu'ils doivent les bousculer pour fuir ; on retrouve l'ADN de l'un sur la rambarde du balcon et le téléphone de l'autre a activé des signaux à proximité.

Des membres d'une même famille suivent une dame qui fait ses courses, notent le code de la carte et à sa porte volent sa carte et vont faire des achats ; chez d'autres vieux ils se présentent comme pompiers, agents EDF, plombiers pour voler cartes et bijoux ; ils suivent même une dame qu'ils avaient aidée à changer une roue et les avait invités à prendre un café chez elle pour voler le contenu de son sac. Le père envoyait ses ados aux portes parce qu'ils passeraient mieux !

Deux autres frappent un jeune dans le tram au visage et aux jambes pour lui voler sa sacoche ; ils seront identifiés grâce à la caméra du tram.

Lui à 18 ans se fait conduire au sortir d'une discothèque dans un quartier et sous la menace d'une arme en disant :

« tu vas faire comme ceux d'Échirolles ! » et en donnant un coup de tête prend la voiture. Il sera identifié grâce à la vidéosurveillance.

Est non moins odieux le vol commis au préjudice de faibles ou dans des lieux qui devraient être sacrés : cette jeune femme, aide à domicile, dépouille la personne âgée de sa carte bancaire, de son alliance, de vaisselle et même de tableaux.
Une autre, non moins femme et jeune, vole dans un centre de rééducation où est hospitalisé son père un autre pensionnaire.
Un autre vole à l'hôpital une tablette d'une malade qui est allée aux toilettes.
Un autre encore dépouille un handicapé mental de sa sacoche dans un parc.
Un thanatopracteur vole deux chèques tirés d'un chéquier du défunt.
Un jeune vole en hurlant « la caisse, la caisse! » le tabac-presse tenu par la gérante qui l'a vu naître, qui reconnaît sa voix et lui arrache l'écharpe qui le cache.

Et puis il y a eu la litanie des vols en série dont l'énumération n'aurait pas d'intérêt particulier mais qui attirent l'attention par les circonstances dans lesquelles ils ont été commis qui dénotent une imprévision, une inconséquence et une gratuité souvent effarantes : un même individu se voit imputer 48 vols dans des appartements commis au moyen d'un passe de facteur, un autre 44, y compris dans un local des pompes funèbres ou dans un cabinet médical. Quantité de délits ont été résolus grâce aux traces trouvées dans quantité de lieux : ADN sur fenêtre, traces papillaires sur mur, ADN sur cornet de glace, trace de sang sur le sol de l'appartement du propriétaire qui s'est réveillé, sac abandonné en fuyant, casquette laissée avec ADN, ADN sur volant de BMW poursuivie après vol, trace de sang de voleur qui avait cassé une vitre sur placard et donc ADN, traces papillaires sur carreau d'un individu qui faisait le « zouave » et a dû mettre ses mains sur le carreau, ADN sur mégot trouvé sur le plancher. C'est dire l'importance du travail de relevé de traces et le détail des recherches en même temps que la constance des enquêteurs. Quantité de résolutions sont dues encore aux découvertes de matériel sur les auteurs : tournevis dans la manche, pied de biche, burin et gants dans le sac, tournevis tordu et pince dans la veste, cagoules en poche, tickets de DAB où viennent d'être faits des retraits.

Une mention doit être faite des vols en série que je dirai spécialisés : les vols de cuivre ou de métaux sur chantiers ou dans les dépôts d'usine par des auteurs d'origine roumaine.

Ce qui est frappant c'est l'analyse que font de ces faits répétitifs leurs auteurs : la multiplicité des commissions est souvent inversement proportionnelle de la conscience du caractère de l'action : « j'avoue, j'ai nié avant parce que c'était la règle »; il ne sait plus combien il a commis de cambriolages ; on lui en reproche 48, il en reconnaît 7 et arrondit à 10 ; il a volé 30 billets SNCF sans savoir ce qu'il allait en faire ; il porte plainte pour vol de sa 307 25 minutes après l'avoir utilisée pour cambrioler mais « quand on se trouve devant les gendarmes à l'audience on prend conscience »; « je ne sais pas ce que j'ai, j'ai une maladie, je ne peux m'empêcher de voler »; « j'ai pris l'I.Pad parce que je ne peux travailler sans musique »; « j'aime pas mon casier (24 condamnations - 9 pages) ».

Il y a aussi les vols intéressés, commis de façon ouverte pour avoir de l'argent immédiatement, en quelque sorte de façon consumériste : celui-ci à 2 heures du matin dépouille une passante en criant : « je n'ai pas le choix, je n'ai pas le choix », retire l'argent du portefeuille et le lui rend ; il a volé deux voitures dont une qu'il a incendiée, des ordinateurs, des montres : « on n'a pas réfléchi, on a tous besoin d'argent, non ? ».

Et puis enfin il y a les vols induits et les vols inattendus : vols induits par une addiction il a volé 37 bouteilles parce qu'il en avait besoin ; il a volé champagne, vin, alcool et même coca alors qu'il habite à côté du magasin et tout en ayant un cancer du foie ; il a volé au hasard pour acheter du cannabis.

Quant aux vols inattendus leur motivation ne laisse à l'abri d'aucune surprise. Il vole des bijoux pour sa copine mais le propriétaire découvre sur les réseaux sociaux qu'ils sont portés par sa baby-sitter : « j'ai eu de mauvaises fréquentations à un mauvais moment de ma vie »; il cambriole un collègue de travail parce qu'il croyait qu'il cultivait du cannabis ; il fait le sac d'un bureau de poste pour avoir des chèques pour « faire la dot de ma future » mais ne veut pas donner ses complices de peur que sa famille ait la honte, qu'on lui crache dessus, qu'on mette de la merde sur sa poignée de porte : « j'ai cru que j'avais gagné mais j'ai tout perdu ».

Un exemple de conscience : le président demande à un voleur en série s'il se rend compte ; il répond « ça va bien dans ma tête », s'il peut dire comment il voit l'avenir : « je ne sais pas », s'il peut dire quelque chose de positif : il tape sur la barre et ne dit rien sinon en quittant la salle entre policiers et en se tournant vers la salle : « Bonne journée Messieurs Dames ».

Les violences, les menaces et les violents

Les violences et menaces sont aussi variées que les vols ; les actes sont en apparence bien semblables mais ils différent toujours en fonction de ceux qui les commettent.

Les violences sont régies par les articles 222-7 et suivants du code pénal et comme les vols les incriminations varient en fonction de circonstances aggravantes : réunion, préméditation, avec arme, sur les personnes chargées de l'autorité, sur des personnes vulnérables... qui peuvent faire encourir jusqu'à 10 ans d'emprisonnement. Les menaces sont régies par les articles 222-17 et suivants et le traitement juridique obéit à la même logique.

La variété des faits soumis au tribunal a été folle mais on peut essayer de les regrouper en faits commis sur la voie publique, en violences liées à des affaires au sens large, en violences commises dans un cadre familial ou pseudo-familial, en violences dans un cadre professionnel, en violences envers l'autorité.

Sur la voie publique des altercations éclatent à toute heure pour tout et n'importe quoi : à 1 heures du matin un imbécile fait des avances à des passantes et il suffit que l'accompagnateur de celles-ci fasse une objection pour qu'il soit laissé au sol avec une plaie profonde du cuir chevelu et l'ADN de l'agresseur sur ses vêtements ; un autre tire un coup de feu en l'air près d'un camion-pizza avec un pistolet qu'il dit avoir trouvé dans une poubelle parce qu'il a été menacé de se faire couper une jambe par un créancier ; le gérant du camion agressé lui arrache sa cagoule... et son ADN ; un jeune tout mignon à l'audience s'est fait remettre un scooter en haussant la voix, en fait en pointant un couteau sur le ventre de sa victime ; une dame qui a mal garé sa voiture et empêche une automobiliste de sortir de sa place de stationnement va chercher le propriétaire dans un bar qui en colère se met devant la voiture, attrape l'automobiliste sortie de son véhicule par les cheveux et la traîne au sol puis l'abandonne sans connaissance avant de fuir glorieusement avec sa propre voiture ; un jeune homme aux oreilles sensibles crie du quatorzième étage de sa tour aux ouvriers qui sont au sol d'arrêter, descend avec une arme, baisse son pantalon et crie qu'il va enculer tout le monde, aura disparu à l'arrivée de la police mais sera interpellé quatre mois plus tard après découverte de son ADN sur le blouson qu'il a oublié dans un bureau de tabac où il avait donné un coup de crosse sur le crâne du buraliste ; une rixe éclate dans une salle des fêtes parce qu'un anglais avait dit à l'un que sa tête ne lui revenait pas, ce qui lui a valu un coup de batte et une fracture du crâne ; un autre en goguette met le feu à un tractopelle et cause « à son regret » 94.000 € HT de dégâts ; proche de la voie publique, le bar ou la discothèque est un lieu volontiers générateur de violences : lors d'un enterrement de vie de garçon un client extérieur à la fête veut faire une bise à la copine et cause une bagarre au cours de laquelle il écrase un verre sur le visage dudit garçon et le blesse à l'œil.

La violence peut avoir pour prétexte des relations d'affaires au sens large ou perçues comme telles par les protagonistes : celui-ci blesse son frère sur un parking et lui met une balle dans le colon, une dans le sein, une dans la cuisse parce qu'il avait un différend avec lui qui était associé dans la même société et qu'il soupçonnait de lui avoir jeté une grenade dans sa voiture huit jours plus tôt ; celui-là prend de force les clés et les papiers de la voiture à son acheteur qui lui devait encore 500 € ; de même un détenteur d'ordinateur portable qui n'a pas payé la réparation prend un coup de couteau dans le dos après altercation sur un marché ; il suffit encore de devoir 3.000 € sur 10.000 à un fournisseur de cannabis pour être menacé de 30 coups de couteau ; le client qui a appelé pour acheter de la drogue est emmené de force à un DAB pour retirer 1500 € pour payer les frais d'avocat ; on a emmené de force le client de la SCI familiale qui disait avoir demandé un prêt pour acheter et vérification faite n'avait rien fait et on l'a maintenu chez soi jusqu'à l'arrivée des gendarmes appelés pour cette escroquerie ressentie.

La famille est évidemment un cadre qui offre un théâtre aux violentes pulsions : le frère de la copine qui se sépare et apprend que son ex déménage des meubles sans son accord se met au volant, bouscule le frère qui monte sur la capot et en est éjecté dans un virage ; une petite femme qui a l'air toute gentille a piqué le torse de son concubin avec le couteau à viande parce qu'il voulait la frapper avec un balai, concubin qui lève plusieurs fois la main à l'audience avant de se renfermer et de quitter la salle sans avoir rien dit ; lui a averti son ex par SMS : « je vais te massacrer, salope, va te faire enculer », laquelle lui a répond « bouge ton cul, je t'attends, crève connard », lui met de la boue dans son réservoir, lui casse la vitre de son commerce et pour finir la frappe lors d'une fête de voisinage ; il retrouve à l'hôpital la main ouverte celui qu'il a agressé en lui demandant des explications parce qu'il avait fait « le roquet » devant sa femme ; de même il a pensé à sa femme quand il a rencontré son ami qui l'avait trompé avec elle et il a vu rouge et comme il était « en train de pisser », il lui a planté son couteau dans la fesse ; il a frappé sa mère de 85 ans avec son téléphone et avec une corde et elle, qui a attendu 5 heures dans la salle d'audience, demande qu'il reste avec elle parce qu'il fait tout à la maison ; il n'a pu supporter que son ex couche avec un autre dont le fourgon porte 7 impacts de 11,43 et il tire à 4h45 sur la façade de l'immeuble où il croit qu'elle a passé la nuit avec son rival ; il l'avait connue en clinique psychiatrique et rongé par la jalousie l'a emmenée de force dans un appartement, lui a arraché son piercing de la langue, ce qui ne l'a pas empêchée quand il s'est absenté d'appeler les pompiers ; lors d'une violente dispute il casse la vaisselle, la tire par les cheveux, la plaque au sol, la pénètre et éjacule sur son dos avec ce jugement péremptoire « c'est tout ce que tu mérites, petite pute »; ces Turcs ont monté une expédition punitive chez celui qui fréquentait leur sœur sans leur autorisation, ont défoncé le portail de la maison, roulé sur les jambes du père et cassé un manche de pioche sur le dos du coupable ; dans le genre désespéré il met le feu à la voiture de son ex et appelle la police : « retenez moi ou je fais un malheur ! ».

Plus sinistres, s'il est possible, sont les violences exercées en famille dans une visée éducative : ce père réveille son ado à 2 heures du matin, l'oblige à étendre le linge puis la met à la porte en pyjama, un jour lui reproche d'utiliser la machine à laver en dehors des heures creuses et le lendemain de ne pas faire la lessive ; lui envoie une rafale de coups à son fils qui parlait mal à sa belle-mère ; il casse une chaise sur le dos de son fils de 17 ans qui porte des traces de coups de martinet, ce qui ne l'empêche pas de comparaître en tenue de motard, blouson ouvert sur sa poitrine velue ; il prend sa fille par les oreilles pour lui claquer la tête sur le mur mais se défend : « c'est ma fille, je l'aime bien »; ce sinistre individu a brûlé à la cigarette l'enfant de 2 ans de son amie, lui a mordu le sexe et mis de la vodka dans le biberon au point que ce pauvre gosse avait 3,42 grammes d'alcool dans le sang…

Les violences peuvent avoir été exercées dans un cadre professionnel : ce jeune professeur de la salle des profs a entendu du chahut dans la classe où il a été nargué, ses nerfs craquent et il donne un coup de poing à l'un des élèves : il est à la fois contrit et contrarié d'être tombé dans un piège du principal qui n'attendait que ça.

Elles peuvent encore être dirigées contre l'autorité : plusieurs affaires de lancement de pierres contre des véhicules de police y compris après conversation téléphonique, captée, avec des chefs à qui les jeunes ont demandé l'autorisation de « caillasser »!

Les menaces verbales sont proférées en famille souvent par dépit amoureux ou envers les autorités qui exercent un pouvoir de coercition ou de contrôle par réaction de frustration, plus rarement selon ce qui a été soumis au tribunal dans le travail ; elles dénotent un vocabulaire dont la variété n'amuse pas longtemps et dont la vulgarité n'est guère tempérée par l'humour.

Dans le cadre de son travail ce gros agent plein de faconde se trouve victime d'un complot de la part de son employeur : « vous les Juifs, Hitler ne vous a pas tous exterminés, dommage, dommage, je vais vous tuer ».

Dans le cadre familial ou équivalent cet homme menace : « je vais te fumer, toi et tes enfants » et explique : « c'est la femme de ma vie, je suis rien sans elle » et ne trouve de solution que dans le Subutex ; cet autre explique que comme il avait pris du shit elle lui a dit « va te faire enculer » et qu'il a répondu « la prochaine fois je n'irai pas en prison pour rien, je vais te casser les dents et te crever les yeux »… avant qu'elle n'obtienne sur sa demande un euro de dommages et intérêts car elle veut la paix.

Les menaces envers la justice, la police et tout contrôleur sont légion tant la résilience des individus frustes est limitée : lors d'une audience d'aménagement de peines ce détenu qui brandit sa béquille face au substitut crie « je vais lui mettre un coup de fusil à celui-là! »; lors d'un contrôle de garde à vue lui qui semble sortir d'un roman d'Eugène SUE, qui fait 60 ans à 45, crache en direction du substitut et le traite de fils de pute, pourtant dit-il « je suis un gentil garçon ». Les policiers sont les destinataires de menaces injurieuses fréquemment :

« Qu'est-ce que tu viens nous faire chier ? vous êtes de la police de merde, vous verrez quand je serai sorti », « je vais te marcher sur la tête, je vais te tuer »; même des parents menacent avec des bouteilles des agents qui interviennent sur un cambriolage en les traitant de bande de cons, etc., etc.

Évidemment les surveillants de maisons d'arrêt sont les destinataires des menaces des écorchés qu'ils surveillent : pour un refus de cigarette « je vais téléphoner et te faire foutre en l'air »; pour un retard d'ouverture de porte « je vais partir en Syrie et on va tous vous exterminer » mais il n'est « pas islamiste et ne tuerait pas de gosses », dit-il à l'audience ; pour une observation pour une revue glissée sous une porte « j'ai pris perpet et je n'ai rien à perdre alors je vais te crever, t'es mort »; au moniteur de sport « t'es qu'une salope, qu'une merde »; il crache au visage de la surveillante qu'il a traitée de salope et à l'énoncé de la peine de 3 mois demande si ça vaut bien ça !

Enfin la menace verbale peut concerner toute la société vomie. A 5H45 interpellé à la suite d'un bris de vitre de centre social il profère : « je marche sur la France et sa justice de merde »; même par internet on peut diffuser une image de guillotine et un message « crève, ordure, pauvre salopard, on a une solution pour toi, elle t'attend »... mais la loi l'attendait aussi.

Les agressions sexuelles

Les agressions sexuelles sont réprimées par les articles 222-22 et suivants du code pénal, l'agression étant définie comme toute atteinte sexuelle commise avec violence, contrainte, menace ou surprise et la peine pouvant aller jusqu'à 10 ans d'emprisonnement si les atteintes ont été imposées à un mineur. Le harcèlement sexuel est réprimé par l'article 222-33 et puni de 2 ans d'emprisonnement.

Il est particulièrement difficile là encore de faire une typologie des délits soumis au tribunal tant tout ce qui a été commis est souvent la même chose tout en étant toujours différent en fonction des agresseurs mais aussi de leurs victimes au moins majeures. La chienne sensualité comme l'écrivait Nietzsche dans *Ainsi parlait Zarathoustra* « transparaît... la bête le poursuit et l'inquiète... il en est beaucoup qui voulant chasser leur démon sont devenus des pourceaux ».

J'ajoute qu'il ne faut pas tirer de l'exposé des cas soumis de considération statistique générale sur la délinquance parce que le chiffre que j'ai donné plus haut est le résultat de la compétence de la chambre où je siégeais et que la proportion de la délinquance sexuelle dans le contentieux de cette chambre n'a pas de valeur, son chiffre ne pouvant en avoir que par rapport à tout le contentieux des chambres correctionnelles.

On peut malgré tout essayer de distinguer le contentieux sexuel avec victimes majeures du contentieux avec victimes mineures.

Les victimes majeures ont été des femmes, concubines ou ex-femmes et concubines, des employées, des collègues, des clientes, des copines : il avait vécu avec elle pendant cinq ans et ils avaient eu deux enfants alors qu'elle en avait déjà deux ; comme il était d'une jalousie maladive elle qui avait un emploi dans la haute technologie l'avait quitté. Une nuit elle rentre du midi avec trois enfants, il bloque sa voiture et devenu fou la gifle, la traîne sur la terrasse de sa maison, hurle en demandant si elle a fait des pipes pendant le week-end, la jette au sol, lui arrache sa culotte et essaye de la pénétrer ; le fils aîné sort à ce moment de la maison ainsi que le père de l'agresseur qui était voisin, ce qui le met en fuite ; il faut dire qu'il avait dû être hospitalisé deux ans plus tôt à la demande d'un tiers après la rupture.

Dans un contexte de consommation d'alcool et de drogue la dispute peut générer des comportements d'une violence rare ; ils vivaient en concubinage depuis un et demi ; après une soirée chez des amis au cours de laquelle après avoir bien bu (elle avait 1,15 gr d'alcool et des traces de cocaïne et cannabis) elle l'avait aguiché en lui proposant une fellation ils étaient rentrés chez eux et la bagarre avait été très violente au point qu'elle avait appelé la police et qu'elle présentait deux estafilades par coups de cutter donnés avant rapport sexuel brutal : « je me suis fait déchirer le cul », déclarera-t-elle ; à l'audience ils diront spontanément avoir commis chacun l'erreur de revenir !

L'abus d'autorité d'un employeur peut dévier en agression sexuelle. Deux cas de boulanger ayant trop d'appétit ont été soumis au tribunal : un boulanger touche la poitrine et les fesses de sa jeune employée et soutient qu'il en « avait le droit », que « c'était dans le contrat » : elle avait essayé néanmoins de rester dans la boutique parce qu'il avait promis une enveloppe. Un autre boulanger après trois semaines de stage met la main dans le slip de sa stagiaire et fait de même pour une autre.

Le travail est parfois une occasion et un lieu de

commission : une fête de fin de saison se termine par le fait pour ce serveur de raccompagner une intérimaire à sa chambre où il la soigne parce qu'elle a vomi, la couche... elle se plaint de caresses et de pénétration digitale sans pouvoir préciser car elle a un trou noir ; lui enverra le lendemain un SMS à un autre serveur : « je suis impardonnable » ; il reconnaît car il était amoureux d'elle et comme elle ne réagissait pas quand il l'avait prise dans ses bras il pensait pouvoir « avoir plus ».

Cet autre jeune était chauffeur du bus affrété par le gérant d'une discothèque pour ramener en ville les clients ; l'une des passagères dénonce le lendemain des attouchements de la part du chauffeur qui lui a caressé le sexe et l'a embrassée sur la bouche sans qu'elle puisse réagir à cause de son état : entendu ce chauffeur contestera ; la police fera analyser le string de la jeune fille et à la question de ce qu'il avait à dire sur la présence de son ADN sur ce string il répondra : « je n'ai pas d'explication »!

Un kinésithérapeute pour traiter des douleurs de bas de dos dérape, écarte le string de sa belle cliente et lui titille les petites lèvres ; il pensait comme la séance était finie et qu'elle restait sur la table, qu'il percevait une attirance, qu'elle attendait un geste... Le geste a abouti violemment sur sa joue avant qu'elle n'aille aussitôt déposer plainte... « chasser son démon »?

Les copines sont évidemment des proies potentielles quand elles ne sont pas à leur tour des chasseresses perverses : elle avait couché avec lui et elle ne voulait plus parce qu'il avait couché avec une autre ; lors de retrouvailles ils avaient cheminé dans une pâture et comme elle ne voulait pas s'allonger parce qu'elle avait un pantalon blanc et qu'elle était allergique à l'herbe il avait baissé de force le pantalon pour procéder à des attouchements. Il aurait voulu lui prouver qu'il l'aimait encore... avant de fait de rejoindre l'autre.

Lui qui à 27 ans vit avec une mère de sept enfants de 46 ans n'en a pas moins plaqué une copine sur son lit et lui a caressé le sexe mais elle lui a « tordu les couilles » !

Une affaire a montré des filles actrices : deux filles de 21 et 19 ans attirent un co-pensionnaire de foyer de travailleurs, vont dans son appartement, le forcent à passer la serpillière, passent dans la salle de bains, se déshabillent et lui demandent de leur lécher le sexe puis lui demandent de se masturber devant elles ; la boisson les avait bien sûr désinhibées.

Une belle dame mûre peut même en arriver à harceler son curé ; la « note interprétative à connotation persécutoire » décelée par l'expert psychiatre l'a menée à des actes de dépit amoureux aberrant : dessiner un pénis sur un livre de messe, crever les pneus de la voiture du prêtre ; elle avait le sentiment d'avoir été manipulée par sa manière de la regarder.

Les agressions sexuelles dont des mineurs et plus souvent mineures ont été victimes constituent une matière sombre, socio et psycho pathologique, difficile parce que les faits sont dénoncés souvent tardivement, douloureuse parce que l'affection ou l'autorité sont mêlées à des pulsions qui malaxent les petites victimes, que la bêtise flétrit l'innocence des victimes dont la première douleur est d'avoir été abusées. Je ne peux pour l'instant et pour dresser ce tableau que procéder à l'énumération des cas soumis.

Ce gros bibendum à l'aspect soigné, de bon niveau (BTS), ayant un emploi stable, dont l'arrière grand-mère tenait une maison close en Algérie mais qui a subi lui-même une agression sexuelle de son prof de piano autrefois, lequel prof recevra un coup de couteau à la gorge de la mère d'une autre élève, a abusé des petits enfants de son beau-père de 8 et 5 ans : en regardant des jeux vidéo avec le plus petit il essayait régulièrement de le masturber et avait les mains baladeuses avec les deux filles leur caressant non moins fréquemment poitrines et sexes.

Elle a vingt ans le jour de l'audience; elle a révélé lors d'une audition par un juge d'instruction pour d'autres faits qu'elle avait été victime de 12 à 15 ans d'attouchements de la part de l'ami de sa mère, en même temps employeur de celle-ci ; elle ajoutait même que ce dernier l'avait emmenée une fois dans un hôtel où il l'avait violée avec un objet en plastique, ce que l'adulte niait absolument.

Lors d'un procès d'assises pour viols d'autres enfants une mère, dont le mari était chef scout avec l'auteur, révèle que ce vendeur de jouets, qui a refusé son extraction pour comparaître, avait aussi agressé son fils entre 9 et 11 ans chaque fois qu'il le gardait pour cause de maladie en le caressant jusqu'au sexe dans son lit ou en regardant l'ordinateur. L'expert le décrivait comme sachant ce qu'il faisait, dominateur sur les enfants, préoccupé par lui et son image, jouissant de la souffrance des petites victimes, notant dans un petit carnet les actes et attribuant des points aux enfants selon sa satisfaction. L'audience n'a pas permis de donner satisfaction à la victime qui attendait la confrontation pour lui dire face à face qu'il n'avait pas réussi à le détruire.

Il a maintenant 21 ans : ce grand bougre ne peut se tenir droit et a un regard vide durant toue l'audience qui fait un singulier contraste avec celui des parents des victimes qui lui lancent des œillades farouches et le fusillent du regard ; selon l'expert il a une fragilité constitutionnelle, une personnalité peu construite et un discernement altéré ; il ne peut comprendre pourquoi il a fait ça, c'est-à-dire qu' il a demandé à une voisine de 17 ans chez elle de se déshabiller et a entrepris de la violenter jusqu'à ce qu'elle appelle sa mère, après quoi le frère cadet a révélé qu'il avait été l'objet d'attouchements dans un algeco du lycée et même d'une tentative de rapport.

    Ce moniteur de judo de 50 ans est accusé par un enfant de personne avec qui il est en conflit de faits prescrits mais cet enfant a signalé des attouchements, non prescrits ceux-là, sur un mineur commis voici 15 à 18 ans ; lui se dit l'objet d'une vengeance mais sa victime est bien précise quant aux morsures de fesses subies et aux attouchements de sexe lors des exercices ; elle est venue pour qu'il reconnaisse enfin et qu'elle puisse tourner la page... elle aura été déçue.

    Cet entraîneur de rugby, chef de cuisine, qui vit seul, est dénoncé pour des faits d'il y a 9 à 12 ans par un ancien joueur, mineur à l'époque, lui-même interrogé pour violences conjugales ; il dénonce des attouchements subis dans les toilettes des enfants ou des mains passées dans sa culotte de pyjama quand il dormait à l'école de rugby ; il a fait deux tentatives de suicide juste après les faits ; le psychologue a diagnostiqué une attirance exclusive de type homosexuel. La victime ne réclame pas de dommages et intérêts mais a voulu le revoir et l'affronter parce qu'il va lui-même avoir un enfant et qu'il veut dépasser ce dur souvenir.

    Cet entraîneur de gymnastique ayant 58 ans, vivant en ménage, ayant 2 enfants, est dénoncé pour des faits d'il y a 7 à 8 ans par la mère d'une des gymnastes qui connectée à facebook a surpris une conversation entre filles qui évoquaient des attouchements ; il avoue pour deux d'entre elles alors que quatre font état de ces caresses sur le sexe lors d'étirements, de caresses sur les seins sous maillot, l'une qui a arrêté la boxe parce qu'il entraînait toujours ayant été témoin de ces gestes sur une autre.

    Cet homme de 32 ans qui sourit gentiment et répond oui à toutes les questions de la présidente, qui a eu deux copines qui se sont « barrées », qui dit avoir conscience du bien et du mal depuis qu'il est allé quatre mois en prison où ça s'est bien passé, qui ne sait pas pourquoi Il a donné rendez-vous deux fois au gamin de 8 ans, a tout de l'idiot du village qu'il faut avoir été pour qu'il se soit mis tout nu devant lui et lui ait demandé de se déshabiller pour qu'il puisse le caresser puis lui ait donné 130 € pour avoir une fellation. Ce sont les confidences de l'enfant à ses parents qui ont permis d'arrêter ces actes.

A 42 ans, chauffeur de personnes à mobilité réduite, il vit en ménage et a un fils de 24 ans qu'il ne voit plus ; sa victime de 7-8 ans confie à son éducateur en institut d'éducation motrice qu'avec le chauffeur ils se touchaient le zizi, que sur le trajet ils ont fait pipi ensemble et qu'il a vu que « le sien était plus gros que le mien », que le chauffeur s'est couché dans le bus et l'a mis sur lui pour lui masser les fesses puis le zizi. Celui-ci explique qu'il était devenu amoureux de ce gosse et qu'il a eu des préoccupations fonctionnelles, qu'il se demandait si son sexe allait fonctionner, pense que c'est une maladie qui lui est tombée dessus : la pédophilie ! il s'exprime bien, veut s'exprimer, explique tout sauf ce qui est arrivé ; il a songé à faire une démarche auprès des parents... mais ne l'a pas faite ; par contre il demandait des nouvelles du gamin au chauffeur suivant.

Il a 59 ans, il a eu une enfance chaotique : fils d'un marin de la *Kriegsmarine* disparu quand il avait 5 ans et d'une mère qui s'est remariée mais a disparu engloutie avec son second mari par un glissement de terrain il a une situation stable dans la métallurgie ; voisin des parents des deux filles de 14 ans et 7 ans il a entraîné la première dans sa chambre et lui a imposé une relation vaginale et il a mis les mains de la seconde à deux ou trois reprises sur son sexe. Devenu bedonnant, suant et soufflant, ses larmes sont intolérables pour les filles qui s'enfuient précipitamment de la salle d'audience quand il se met à pleurer.

Il a 40 ans, il est chauffeur de poids lourd après avoir été militaire et être intervenu au Koweït et à Sarajevo où il a eu un incident violent avec un supérieur ; il a 4 enfants et est dépassé selon l'enquête par eux, ce qui fait sourire sa victime : jolie fille de 16 ans au jour de l'audience, digne, elle a les larmes aux yeux quand elle dépose et raconte qu'il l'a emmenée au garage pour emporter du matériel et lui a caressé seins et fesses en lui faisant un suçon dans le cou ; il a fait 4 mois de détention préventive. La mère de la petite est bien marquée par l'épreuve.

Il a lui aussi 40 ans et avait tout pour être heureux : un père psychologue, une mère professeur de lycée ; une sœur n'est-elle pas devenue commandant de bord ? Il a un DUT informatique mais ne travaille plus depuis 3 ans. Volumineux et adipeux avec des bajoues et un ventre proéminent il lève les yeux au ciel avant de répondre des banalités : il dit qu'il tombe facilement amoureux, qu'il est à la fois paternel et maternel mais qu'il a une personnalité complexe que les experts qui l'ont vu pendant ses 13 mois de détention préventive n'ont pas pu saisir en si peu de temps d'entretien, eux qui ont conclu à une perversité caractérisée, à une incapacité de mesurer la contrainte qu'il peut exercer sur autrui ; il s'est livré à des jeux sexuels : monter à la bastille en string avec un petit de 6 ans en slip, faire jouer son neveu de 8 ans avec son sexe en érection pour faire « ding-ding »! et en tant que manette de jeu vidéo, jouer avec des enfants d'amis de 6 ans à « touche-fesses »: mettre son zizi dans le trou de balle, sortir son zizi et toucher le premier les fesses du perdant. Il soutient ne pas avoir recherché de satisfaction sexuelle et avoir voulu faire partager ses connaissances en montrant aux enfants des vues porno et puis « quand on aime, rien n'est sale »!

Il a 30 ans et une belle apparence: se tenant bien et bien habillé il comparait pour avoir caressé au domicile de ses parents et au long d'une année le sexe de sa nièce de 6 ans ; aujourd'hui il a une relation amoureuse avec une dame de son âge qui l'accompagne à l'audience : il ne comprenait pas sa sexualité, s'était renfermé sur lui-même et était rentré dans un cercle vicieux.

Ces copains ont 26 et 24 ans ; l'un travaille dans l'hôtellerie, l'autre est à l'école de la deuxième chance ; ils ont rencontré une fille de 13 ans dans le cadre d'une activité de hip-hop et ils ont eu des rapports avec elle derrière la salle de sports pour l'un, chez lui ou dans la voiture de ses parents pour l'autre dont elle était amoureuse.

A 47 ans il a l'air d'un somnambule, il a des hallucinations depuis l'âge de 33 ans mais dit que l'anamnèse c'est du n'importe quoi ; néanmoins le psychiatre a conclu que l'infraction était sans lien avec sa pathologie. En hôpital il a fait des avances à une femme, l'a pelotée, lui a touché le ventre, lui a mis la main au sexe et lui a mis un doigt avant que l'infirmière la retrouve dans sa chambre en position fœtale. Il dit qu'elle était impassible, qu'alors il a continué mais qu'il ne faut rien exagérer ; il ne voulait pas lui faire du mal et ne pensait pas que ce serait aussi difficile ; elle ne réclame pas d'indemnisation car ce n'est pas « monnayable ».

A 58 ans mathématicien et pratiquant les arts martiaux il s'est pris il y a 12 ans pour thérapeute et éducateur des filles de sa compagne de 9 et 10 ans : thérapeute parce que pour soigner l'eczéma de l'une il prenait sa douche avec elle avant de la pommader, éducateur car il a procédé à des attouchements sur l'autre et l'a fait assister à des ébats extra-conjugaux pour faire son éducation sexuelle !

Âgé de 21 ans il a rencontré cette jeune fille de 14 ans qui lui a dit en avoir 17 sur une plage de l'île de Ré ; quand il rentre en Isère il la retrouve chez elle et ils ont un rapport derrière une poubelle car « c'est venu comme ça »! puis a eu des rapports dans sa tente dans son jardin ou dans la chambre de la fille. Il essaie maintenant d'analyser la situation et les répercussions qu'elle peut avoir, tremble et demande pardon à la fille et à ses parents.

A 49 ans il a procédé à des attouchements sur la poitrine de sa nièce de 15 ans et l'a baisée sur la bouche. Cinq ans après cette jeune femme devenue militaire en pleure encore et lui reproche vertement de lui avoir gâché la vie mais il n'a aucun remords apparent et présente sa défense comme s'il n'était pas concerné.

Il a 76 ans, est grand père de 5 petits enfants ; sa petite fille l'a dénoncé pour des faits commis il y a 17 ans sur elle et une de ses amies en vacances : il leur faisait faire du vélo d'appartement toutes nues, posait leurs mains sur son sexe allant jusqu'à éjaculer dans les mains de sa petite fille, les caressait ; il conteste complètement les faits pour la petite amie, maintenant psychologue qui maintient sa version et admet que lors d'un essayage de jupe par sa petite fille il était en érection et n'a pas eu le temps d'aller se soulager. Les filles devenues femmes sont d'une parfaite dignité tandis que lui invoque avec une complaisance irritante ses maîtresses passées, ses besoins sexuels, son opération du rein… et sa prochaine opération de la prostate et n'affiche de compassion que pour sa femme « elle s'inquiète sa pauvre femme »... c'est-à-dire pour lui.

Ingénieur à la retraite il comparait pour des caresses de sexe commises il y a 7 ans sur sa petite fille et des filles d'amis du couple ; il n'est guère repentant malgré que son fils et sa belle-fille n'aient pas voulu rompre.

Proches des agressions sont les exhibitions et la corruption par correspondance : il a 30 ans, des condamnations pour vols au casier, a été interné de 16 à 18 ans, a mis en place un suivi psychologique mais n'est pas toujours assidu, ne prend pas de médicaments : il s'est masturbé dans un train et dans un parc ce qui a provoqué l'appel à la police d'une dame âgée qui lui a dit que c'était dégoûtant.

Fonctionnaire de 47 ans il sonne à 1 heure du matin tout nu à la porte de sa voisine.

Corruption par mise en contact par voie électronique : professeur de 48 ans son premier mariage avec une femme partie le jour de Noël a été annulé par l'Église et il a contaminé sa seconde femme par l'hépatite C ; il s'exprime à voix basse et regarde par dessus ses lunettes ; il dit avoir un penchant pour une sexualité soumise de type sado-maso ; il a la réputation d'être tactile et il caresse à travers ses gants une grosse boule. Il est confronté à deux adolescentes qui sourient et se marrent gentiment ; il leur a envoyé par internet des messages à caractère sexuel dans lesquels il affirme fumer à poil, envoie des photos en string en disant qu'il aimerait qu'elles viennent le voir dans cette tenue en classe et pourraient le peloter. Il admet que « c'est parti de travers ». Les gamines disent qu'elles ont répondu au début pour rigoler puis qu'elles ont pris peur et en ont parlé.

Après ce catalogue de turpitudes il faut préciser que trois affaires se sont terminées par des relaxes faute de preuve des accusations portées : l'une concernait un surveillant de nuit de foyer que les pensionnaires accusaient d'être rentré dans leurs chambres avec son passe en pleine nuit et de les avoir pelotées voire pénétrées ; l'autre concernait un oncle qui aurait procédé à des attouchements sous pyjama en regardant la télé mais les autres enfants dormant dans la chambre n'avaient rien vu ; la troisième concernait une handicapée mentale qui accusait son beau-père de lui avoir rentré sa quéquette dans le machin et qui avait dit à l'IME que son père avait commencé à la niquer mais dont l'examen gynécologique n'avait relevé aucune séquelle de violence sexuelle.

Les escroqueries, abus de confiance, abus de faiblesse, fraudes

L'escroquerie est réprimée par l'article 313-1 du code pénal et punissable de 5 ans d'emprisonnement. L'abus de confiance est réprimé par l'article 314-1, l'abus de faiblesse par l'article 223-15-2, ils sont punissables de 3 ans d'emprisonnement. La fraude aux prestations sociales est réprimée par l'article L114-3 du code de la sécurité sociale et punissable de 5.000 € d'amende.

Cette catégorie d'infractions est la quatrième en volume de celles qu'a connues le tribunal pendant mon exercice. Elle est celle où se montrent en principe plus d'intelligence et de ruse. 40 % des infractions avaient été commises par des femmes, ce qui prouve que dans ce domaine l'égalité n'a pas besoin d'un ministère pour progresser : on peut émettre l'hypothèse que le fait de nouer des relations préférentielles, amoureuses ou d'aide, a facilité la commission sans qu'il soit besoin d'émettre celle, trop facile, de la ruse féminine. «*Homo homini lupus, mulier mulieri lupior* ».

Les auteurs féminins ont agi dans leur cadre privé comme dans un cadre professionnel ou para-professionnel.

Ce brave homme âgé l'a rencontrée dans un bal pour personnes âgées et l'a prise à son domicile plusieurs mois ; elle lui a dit qu'elle devait toucher un million d'euros d'assurance-vie de son mari mais qu'elle devait d'abord payer ses dettes, qu'elle était atteinte d'un cancer, avait besoin d'un traitement coûtant 7.000 € aux États-Unis. Elle a réussi à se faire donner 70.000 € jusqu'à ce que la fille du donateur abusé réagisse et le fasse placer sous curatelle ; il est maintenant en surendettement. Elle fait semblant d'être sourde à l'audience et réagit à la constitution de partie civile de la curatrice pour énoncer que la question est que sa fille n'aime pas les arabes, ce sur quoi il précise que lui ne demande rien.

Elle a 25 ans, elle aide à domicile et elle s'est fait remettre en 5 chèques 12.850 € par deux époux atteints d'Alzheimer.

Elle a 36 ans, elle s'est fait héberger par un certain nombre de personnes qui lui ont confié leurs cartes pass ou leurs chéquiers avec lesquels elle a acheté ses cigarettes et retiré 80 €.

Elle a 36 ans est auxiliaire de vie et habite dans un appartement en face de celui de la vieille personne qu'elle assiste ; elle a retiré 5.231 € avec la carte de l'assistée mais découverte elle a signé une reconnaissance de dette et remboursé cette dame de 85 ans qui continue d'être très contente d'elle.

A 40 ans elle achète un yorkshire 1.300 € avec un chèque volé.

Elle a 47 ans et s'est fait ouvrir des crédits au nom de son ex-amant pour se venger pour un total de 10.213 €.

Une dame via Leboncoin veut vendre ou échanger son téléphone, elle entre en relation avec chouchou à qui elle accepte d'envoyer son téléphone mais qui n'enverra jamais le prix.

Discrètement lors d'une visite à sa mère elle lui prend son chéquier et émet 7 chèques ; comme elle est veuve et a un fils, ses parents pardonnent.

Elle a 66 ans et a avec son concubin qu'elle a connu en sanatorium la folie des grandeurs : ils circulent en 4x4 ; ils ont recélé, contrefait et utilisé 53 chèques.

Ces dames peuvent avoir trompé autrui dans un cadre professionnel ou quasi professionnel :

A 32 ans, ayant 2 enfants elle est secrétaire comptable

dans une entreprise ; n'ayant pas le pouvoir d'émettre des chèques elle imitait la signature du chef de la comptabilité et remettait d'elle-même ou sous menace les chèques à son concubin qui lui indiquait les personnes intermédiaires à porter comme bénéficiaires qui lui remettaient des enveloppes. Elle a spolié son employeur de 170.000 €.

Embauchée à 49 ans comme agent commercial, assez distinguée, blonde à démarche chaloupée, elle a fait signer des dossiers de crédit pour l'achat de matériels de chauffage dont elle a modifié les montants sans avertir les clients qui ont eu des appels d'échéances supérieurs à ceux qui avaient été envisagés ; elle a détourné ainsi 21.000 €.

Elle a 60 ans, travaille dans une agence immobilière, pour aider sa fille au chômage elle va pendant 3 ans créditer le compte locataire de celle-ci de sommes fictives causant un préjudice de 29.000 €.

Il a accueilli cette nomade de 50 ans avec son fils, elle qui est sous tutelle aux prestations sociales avec sa caravane sur son terrain ; de cet accueil ses dépenses ont explosé et son compte bancaire étant presque épuisé elle lui a fait signer un compromis de vente de son terrain pour un prix dérisoire compensé par une reconnaissance de dette envers elle ; le stratagème est découvert et la victime placée sous curatelle.

Elle a 65 ans, elle était gérante de société qui a été liquidée et envisage de reprendre une activité de consultant immobilier. Son malheur a voulu que l'assistante sociale de la clinique où était hospitalisé son protégé quelque peu alcoolique signale qu'il paraissait incapable de gérer ses affaires ; est alors découvert qu'il a vendu sa maison pour 190.000 € convertis en rente viagère alors qu'elle avait été estimée 360.000 € ; elle soutient qu'elle s'est occupée de son vendeur, qu'il l'appelait quand il tombait, que le prix était normal parce que global, pour maison et terrain en un lot. Il s'est suicidé 4 ans plus tard.

Les hommes utilisent moins leurs relations personnelles pour leurs méfaits mais ce n'est pas exclu :

A 39 ans il a trouvé un bon moyen de se faire de l'argent : il a acheté pour 20.000 € des bijoux avec la carte bancaire de sa compagne à un bijoutier peu scrupuleux qui lui donnait une grosse commission.

Lui qui a 44 ans a déjà passé 5 ans en prison est pourtant chauffeur de bus. Il a proposé à un vieux transporté de l'aider à faire ses courses, l'a accompagné en voiture : il a fait des achats surfacturés, des retraits avec la carte, a émis des chèques et même fait des fausses factures de travaux l'escroquant de plus de 10.000 €.

Mais point n'est toujours besoin de relations personnelles :

En piratant Paypal il a acheté deux ordinateurs et 3 portables en faisant payer un autre pour 2.500 €.

Il a 50 ans, 3 enfants, purge une peine de 2 ans pour des faits postérieurs ; alors qu'il était au chômage sans indemnités il a falsifié de nombreux chèques et utilisé une carte volée pour faire des achats qui ne sont pas tous, loin de là, de nécessité puisqu'il y en a en deux mois pour 18.300 €.

40 ans, grand, gros et un peu bêta, il rigole quand le procureur évoque la peine plancher ; il purge une peine de 3 ans de prison ; il a volé un chéquier dans une voiture et fait des chèques en laissant mettre au dos le numéro de sa carte d'identité ; il a refusé l'expertise parce que quand il y a expertise il prend 3 ans !

Drogué il a été condamné 19 fois à 38 ans ; il a volé la carte de quelqu'un qui retirait de l'argent et l'a utilisée en retirant 2 x 50 €.

Il a 30 ans et a établi une attestation de loyer pour toucher l'APL en imitant la signature de son bailleur sur un imprimé de la CAF pris par internet causant un préjudice de 1428 €.

Déjà condamné 8 fois à 28 ans il a falsifié une carte d'identité volée dans une voiture, des bulletins de paye et une facture EDF pour solliciter des crédits ; les gendarmes diffusent la photo qu'il a mise sur la carte et il est reconnu par un autre gendarme ; il avait besoin d'argent et a donc demandé des crédits pour 15.300 €.

A 26 ans il a mis en vente par Leboncoin une console et s'est fait remettre 295 € mais a omis de délivrer le bien vendu.

Réceptionniste d'hôtel il a soigneusement noté les numéros de cartes de 17 clients, a fait des réservations avec la carte d'une russe pour emmener des jeunes filles à Disneyland où il sera arrêté.

Il a 23 ans, travaille sans être déclaré dans une brasserie ; il a rencontré près du palais un individu qui lui a indiqué le moyen de gagner de l'argent facile ; il faisait des achats sur l'indication de cet individu qui lui a donné une fausse carte à présenter ou des chèques volés.

Ils sont quatre hommes d'affaires ayant 20 à 28 ans : un fournisseur et trois exécutants ; chez le fournisseur, en lien avec un individu qu'il a connu à l'école de commerce et qui mène grand train, voyage aux USA et au Portugal, a une belle voiture de luxe, ont été découverts et saisis 703 vêtements contrefaits Hugo Boss ; celui-ci les revendait à ses exécutants 10 € le tee-shirt et 30 € le survêtement ; le premier avoue avoir fait 10.000 € de bénéfice en 1,5 ans et les autres n'ont pas gagné grand-chose alors qu'ils pensaient arrondir leurs fins de mois.

En excipant de la création d'une société jamais créée ce bon mécanicien de 63 ans s'est fait remettre après en avoir payé d'autres en espèces pour 7.000 € de pièces par le grossiste ; il pense trouver une excuse dans son ignorance de la technique comptable.

Plus simplement ce faux acheteur de 20 ans n'a pas rendu le véhicule VW qu'il essayait.

Cet entrepreneur, couvreur, était en relation avec un client quand ce dernier a fait un AVC ; c'est lui qui a prévenu les pompiers ; il n'a pas rendu l'acompte perçu pour le marché qui n'a pas été exécuté mais surtout lors de ses visites à l'hôpital a extorqué 4 chèques pour 29.000 €, les a encaissés et n'a pas remboursé.

Président d'un comité des fêtes de village il acheté avec les fonds des biens pour lui pour 6.200 €.

En produisant de fausses fiches de paie il a trompé Credipar pour obtenir un prêt de 15.000 € pour acheter sa voiture ; il a revendu peu après la voiture mais a gardé l'argent.

A 33 ans il a utilisé la carte bancaire d'une ex-amie qui était consentante mais ne le savait pas, la carte d'identité de son ex-compagne pour se faire ouvrir un compte et y faire transférer un compte d'un autre ami dont il a utilisé la carte d'identité en y mettant sa photo, s'est fait ouvrir deux lignes SFR et a vendu les téléphones. Il est détenu pour autre cause.

Marié, 3 enfants, il vit en Algérie depuis 7 ans ; femme et enfants n'ont rejoint l'Algérie qu'il y a 2 ans. Il continue à percevoir les allocations familiales en faisant des déclarations par internet ou par téléphone et en les faisant virer sur un compte en France où il ne vient que pour retirer de l'argent.

Cet ouvrier polonais a fait des menus travaux chez une vieille dame de 81 ans qui n'a plus le sens de l'argent selon sa curatrice et s'est fait remettre des chèques pour 5.300 €. Il demande à être jugé de façon « normale » mais ne peut justifier ces prix imposés à une dame à qui « il a consacré beaucoup de temps » et qui lui faisait des cadeaux « quand il la remettait dans son lit ».

Jeune directeur d'agence bancaire il a suite à un rachat d'assurance-vie d'une cliente de 40 ans en imitant sa signature sur l'ordre de virement fait virer à une assurance à son nom 230.000 € et virer sur ses comptes personnels 65.000 et 55.000 €. Il projetait de créer une agence d'assurances et crut se couvrir en signant une reconnaissance de dette. Son inconscience est difficilement compréhensible, est gommée par son ambition de carrière au péril de la bonne place qu'il occupait et de son devenir puisqu'il ne pouvait ignorer qu'il serait découvert. C'est la banque qui a remboursé la cliente et remis en vigueur son assurance-vie.

Les stupéfiants

On a l'habitude de parler de trafic mais ce terme recouvre plusieurs délits possibles : l'importation illicite réprimée par l'article 222-36 du code pénal, le transport, l'offre, la cession, l'acquisition de produits réprimés par l'article 222-37, la cession en vue de consommation personnelle réprimée par l'article 222-39 ; les peines peuvent aller jusqu'à 10 ans.

Cette matière qui n'a rien de stupéfiante pour qui a à la juger est rendu fatigante par son caractère répétitif et par la désespérance qu'il suscite en ce que celui qui juge a l'impression de remplir le tonneau des Danaïdes et d'être toujours complètement débordé par le flot qu'aucune digue, médicale ou sociale n'est capable de contenir... Et pourtant il y a, on le verra à travers certains cas, quelques motifs d'espoir : des traitements réussissent et plus rarement des sanctions y compris l'emprisonnement font réfléchir ; ce qui pèse particulièrement c'est l'inconscience des consommateurs quant à la dépendance et aux conséquences physiques inéluctables qui les attendent.

Essayons de voir ce dont est fait le quotidien de ce contentieux, étant précisé que la quantité rapportée ici n'a pas de sens statistique parce que la chambre n'a pas la compétence spéciale des stupéfiants et qu'ils ne sont étudiés par elle que par accessoire ; il ne peut donc pas en être tiré de règle générale.

Pour des raisons que l'on devine facilement la prison est un lieu de consommation, donc de trafic en tous genres.

Cette mère a remis 16 gr de cannabis lors d'un parloir à son fils : « je n'ai pas pu lui refuser cela »; elle avait acheté la résine dans la rue.

Lors d'une fouille on trouve dans le sillon fessier de ce jeune de 21ans qui exécute une peine de 6 ans de prison 14,48 gr de résine.

Il avait 12,99 gr dans ses baskets : il ne « savait » pas qu'il y avait de la drogue dans ces baskets qu'un co-détenu lui avait données pour la séance de sport.

On trouve encore 36,65 gr entre ses fesses lors d'une fouille et il conclut : « je suis tombé au mauvais tour au parloir, j'ai été obligé de le prendre ; quand il y a six personnes contre une, que faire ? ».

Ce frère de 22 ans remet 18,26 gr à son aîné au parloir parce qu'il fume et que « ça peut le détendre ».

Il a 22 ans, il exécute une peine de 10 ans et après parloir il porte 23,1 gr.

19 ans, détenu provisoirement pour vol à main armée, il avait lors d'une fouille de sa cellule 15,2 gr entre ses jambes qui tombent par terre et qu'il venait d'échanger contre des cigarettes lors de la promenade.

Cette mère de 42 ans ayant d'autres enfants de 17 et 12 ans a accepté de prendre ce paquet donné sur le parking pour le passer à son fils.

Et puis hors prison il y a les porteurs banals, qui avec 20, qui avec 30 barrettes, qui avec une pochette, qui avec 17 gr et 3000 € sous la photo de son petit frère, quand ce n'est pas avec 7,567 kgs de cannabis sur ce pêcheur à La Martinique ou 17 gr de cocaïne sur cette jeune femme.

27 ans, bon chic bon genre, ayant une licence en informatique, il est porteur en discothèque de 7 gr de cocaïne, de 27 cachets d'ecstasy et les policiers appelés trouvent chez lui 8 morceaux de cannabis avec 605 €. Il est animateur périscolaire dans une autre ville mais le salaire est trop juste ; il se faisait 500 € par mois de supplément de revenu en revendant de l'ecstasy ; il dit ne plus consommer depuis sa garde à vue : dise-t-il vrai !

18 ans le véhicule signalé volé qu'il conduit est pris en

chasse par la BAC, il percute trois voitures. Il ne sait pas ce qu'il lui est passé par la tête mais il avait du cannabis dans les chaussettes. « Ce n'était pas ma place en prison »: depuis sa sortie il a été pris par son frère et sa belle-sœur qui se montre exigeante au quotidien et l'éducateur de la PJJ confirme qu'il ne consomme plus et qu'il recherche du travail. La victime qui s'était constituée partie civile lors de l'instruction entendant son évolution abandonne sa demande.

Escroc larmoyant de 48 ans qui a commis les mêmes faits depuis 15 ans il est trouvé porteur de cocaïne ; il prétend être proche de jeunes de banlieue qui lui imposent de vendre et lui donnent la cocaïne ; se présentant comme OPJ il se rend dans un lycée et demande à entendre une mineure, amie d'un mec qui a passé la nuit avec lui et lui a volé sa coke : le proviseur, justement intrigué, a appelé un vrai OPJ.

Ils sont quatre interceptés dans un véhicule de luxe dans la trentaine ; l'un a déjà 14 condamnations pour violences, vols, escroqueries, l'autre 4 condamnations routières, le troisième a un CAP de boucherie et n'a pas été condamné, le quatrième déjà condamné une fois est employé communal, avait une compagne qui est partie et dit fumer un joint par jour depuis les problèmes de cœur de son fils. Ils ont forcé un barrage et avouent seulement avoir fait plusieurs allers et retour en Espagne en 5 mois. Le dossier fait 25 cm d'épaisseur et le tribunal renvoie le ministère public à saisir un juge d'instruction pour étudier les tenants et aboutissants de ce gros trafic.

26 ans, faisant le négoce de voitures importées, il devait recevoir des voitures le jour où il est mis en garde à vue mais il est trahi par une grosse protubérance de son pantalon qui cache un pistolet 6,35 et son sac contient du cannabis mais il a pris « par réflexe » le sac et son contenu, lui qui est « consommateur non toxicomane ».

Espagnol d'Aubervilliers de 26 ans ayant un enfant et un autre en gestation il a été repéré à la frontière et s'est enfui à pied, abandonnant une BMW avec 30 kgs de cannabis ; il s'est présenté de lui même à la PJ parce qu'il avait des craintes de devoir rendre des comptes... (à qui?)

Très attentif, il tend l'oreille, tourne la tête vers qui parle, il a 25 ans et a été trouvé détenteur de 98 gr de cannabis il y a 2 ans ; depuis il a été intérimaire dans une clinique et il est en recherche d'emploi ; il va passer son permis et dit avoir stoppé la drogue depuis qu'il est à l'AFPA.

Il n'a pas 20 ans et consomme 15 à 20 joints par jour ; il a déjà été condamné 7 fois et son problème était ou est qu'il a des dettes envers celui avec qui il a attaqué une bijouterie pour de la drogue et une moto ; il a été trouvé détenteur de 338 gr de cannabis. Il dit qu'il ne fume plus depuis qu'il a été embauché comme jardinier et qu'il est logé dans les annexes du château d'un grand patron qui lui fait confiance, château ayant appartenu à une célébrité du siècle des Lumières.

Pourquoi donc ne pas se satisfaire de sa situation ? Il a 29 ans est agent d'assurances, a deux enfants et une jolie maison ; il vient d'être confondu par les écoutes de deux autres : on trouve dans sa cuisine deux sachets de cannabis de 38 et 66 gr, de la cocaïne, 188 et 44 gr, une enveloppe avec une grosse somme et dans son garage 3 kilos de cannabis en herbe ; il dit avoir dépanné un client de son agence et un peintre qui avait refait son plafond ; il ne peut expliquer pour quoi il consomme encore ni pourquoi il en est passé au trafic.

Lui a 30 ans ; il a une amie coiffeuse enceinte de 5 mois, il a été formé à l'AJ Auxerre et a été joueur professionnel dans d'autres clubs ; il a une belle voiture ; bien qu'en instance de devenir employé municipal il vendait 40 barrettes par jour ; il ne veut pas dire qui est le boss.

Sorti de prison voici 4 mois il repasse pour de la détention de 2 gr de cocaïne, découverts chez son amie avec laquelle il n'est pas domicilié pour ne pas perdre l'API, lors de l'enquête diligentée pour prise du nom d'un tiers pour éviter une exécution de peine.

Ils sont quatre à fournir le quartier : dans le garage de celui qui est en conditionnelle on trouve 15,2 kgs de mauvais cannabis et un sac acheté en Andalousie ; le second identifié par les écoutes a vendu de la cocaïne pendant 6 mois parce qu'il n'avait pas de travail, il regrette ; les deux autres ont été écoutés et filés lors d'une expédition : au téléphone ils réclamaient des sommes à des clients pour les remettre à « l'autre » et indiquaient que « l'autre » remettrait les produits, ou téléphonaient à une copine pour le dépôt d'un « truc », après la filature commencée au péage de l'A7 ils n'ont fait que monter dans la voiture alors qu'à leur interception le chien marque des arrêts et que des petites coupures sont cachées dans le coffre.

Il demande sa mise en liberté provisoire parce qu'il a trouvé un emploi en détention où il est depuis 1 an mais on a trouvé dans son box 102 kg de cannabis avec des armes et un gilet pare-balles ce alors qu'il était sous contrôle judiciaire pour d'autres faits de trafic de drogue.

Portant intérimaire chez Micro Electronics, 22 ans, il est arrêté lors d'un contrôle d'identité parce qu'il a été vu téléphoner puis chercher un sac au pied d'un arbre : il y avait 1,5 kg de cannabis et il avait sur lui 600 € en liquide ; dans son garage il y avait en outre 240 gr de drogue.

Ce Guinéen demande la levée du mandat de dépôt d'il y a 4 mois mais à 29 ans il a déjà été condamné pour trafic et il avait 72 kg de cannabis dans ses affaires... un peu trop !

Les délits en matière d'armes

Il s'agit des armes à feu hors armes blanches, couteaux, qui sont presque toujours le moyen de vols ou d'agressions déjà évoquées.

L'acquisition, la cession ou la détention sans autorisation d'armes des catégories A (en gros armes de guerre) et B (en gros armes de poing) est réprimée par l'article L317-4 du code de la sécurité intérieure et punissable de 5 ans d'emprisonnement. Les mêmes faits pour la catégorie C sont punissables de 2 ans selon l'article L317-5. Les mêmes peines sont applicables au port sans motif légitime selon l'article L317-8 du même code.

Les délits sont moins fréquents qu'on ne pourrait le craindre tant est répandue la croyance que les armes circulent dans les banlieues. Ils sont d'une importance très variable mais les arsenaux relatifs trouvés sont parfois impressionnants et la capacité de maîtrise de soi et de l'arme douteuse chez bien des détenteurs.

Il a 25 ans, pas d'emploi, mais a un fusil automatique dans sa chambre.

Lors d'une intervention de la police pour violences conjugales un pistolet semi-automatique avec un chargeur vide est trouvé dans l'appartement.

Ce jeune de 24 ans a dans son sac à dos un PM *Scorpio* 7,65 et 6 cartouches dans le chargeur. Il a déjà été condamné pour violences mais pour violences conjugales et ne peut donner aucun motif valable de cet armement.

Celui-ci à 23 ans revient de soirée avec des copains, est interpellé par des policiers qui interviennent pour un feu de poubelles et jette une arme dans un buisson.

Lors d'une interpellation sur une place lieu de

problèmes il met précipitamment quelque chose dans la boite à gants de son véhicule : un 7,65 chargé de trois cartouches. Il travaille pour Emmaüs, voudrait avoir une vie normale, lui qui à 9 ans a vu son père égorger sa petite sœur ; il n'a jamais eu d'arme et il venait – évidemment – de l'acheter quelques heures plus tôt.

La protubérance de son pantalon l'a, on l'a déjà dit, trahi : s'y trouvait un revolver 6,35 chargé qui ne pouvait être d'aucune utilité dans son activité de négoce de voitures.

Lui qui est employé par un artisan en chauffage, à 33 ans, a dans le garage qu'il utilise un fusil à pompe, 12 cartouches de 45, 130 cartouches de 9 mm, 60 cartouches de 6,35 et 16 de 12.

Il a menacé à 37 ans sa concubine : « je vais te mettre une datte, salope », avec une arme mais il ne savait pas qu'une balle était engagée ; « je n'ai jamais tiré sur personne », dira-t-il.

Il a déjà été condamné 15 fois et déambule avec des faux billets mais surtout avec un pistolet à grenaille à canon trafiqué approvisionné... pour se protéger.

Elle, 32 ans, assistante de vie scolaire et lui 34 ans, soudeur, ont dans leur voiture 7 détonateurs et 3 bâtons de dynamite ; « j'ai trouvé ça dans la voiture quand je l'ai achetée ».

Lui qui est interrogé pour avoir porté des coups à sa copine et l'avoir traînée par les cheveux lors dune dispute détient un 7,65.

Condamné auparavant pour stupéfiants il est contrôlé dans la rue en compagnie d'un copain plus âgé qui a la mauvaise idée de cracher sur les policiers ; chez lui un 357 magnum avec 5 cartouches sur 6 ; contrôlé le 29 il soutient avoir acheté cette arme le 23 à un inconnu pour 400 €.

Ce grand gosse de 19 ans fait partie d'une famille de 10 enfants partagés entre père et mère ; il vit chez sa mère avec 4 frères et sœurs dans une pièce ; il a confectionné 3 cocktails Molotov avec des canettes de bière remplies d'essence avec un chiffon qui dépasse ; il voulait les utiliser pour voir ce que ça fait.

Contrôlé au péage à 3h25 il a sur le fauteuil passager un 7,65 et des cagoules en bas nylon ; il dit avoir acheté l'arme pour la donner à son père qui avait été privé de la sienne dans une autre affaire par voie de confiscation ! Quant au nylon il devait préserver l'arme de l'humidité !

Ce furieux de 47 ans s'est approché avec une arme des pompiers qui soignaient celui qu'il voulait menacer.

Les faux et usages de faux

Il s'agit des faux commis à titre principal ; les faux accessoires notamment d'escroqueries ont été évoqués plus haut.

Le faux, altération de la vérité pour obtenir la preuve d'un droit, est réprimé par l'article 441-1 du code pénal et punissable de 3 ans d'emprisonnement ; l'usage de faux est réprimé par le même article et passible de la même peine.

Un bon nombre de faux concernent les pièces d'identité ou les passeports : ce Congolais de Kinshasa a le statut de réfugié ; pour avoir par échange un permis français il produit en préfecture un permis congolais manifestement faux avec une photo rajoutée et des mentions en plusieurs langues.

Cet autre Congolais qui a une femme qui travaille à l'hôpital, qui a 3 enfants nés en France, un travail de mécanicien, a voulu faire convertir un passeport congolais, faux, en passeport français.

Un Malien de 46 ans qui n'a pas de voiture dépose une demande d'échange de permis de conduire malien en produisant un permis faux. A se demander si dans ces pays il y a des documents authentiques !

Ce Tunisien dénoncé par son ex-compagne a déclaré son enfant sous le nom de son frère pour une sombre question de vengeance.

L'usurpation d'identité est assez voisine. Mustapha a usurpé l'identité de son frère Mahmoud lors de son arrestation par la police, et pour cause car il avait deux mandats d'arrêt décernés contre lui. Il voudrait être à nouveau reconnu sous sa véritable identité pour « pouvoir mener une vie normale et se débarrasser des soucis qui le hantent chaque jour. »

Quantité de faux et ensuite d'usages de faux sont commis en falsifiant des chèques volés ou recélés ; ce qui impressionne c'est le nombre de falsifications et d'usages commis avant qu'il n'y soit mis fin : une jeune femme de 33 ans a sur indication de comparses, qui mènent la grande vie, roulent en voiture de luxe, établi toute une série de chèques pour faire des achats, chèques tirés sur quatre banques dont le total fait 85.537 €. Elle reconnaît tout en étant elle-même étonnée : « ça fait une somme ! » les vrais auteurs ne reconnaissent rien. Elle a été la seule poursuivie bizarrement : on reviendra sur les défauts de la répression.

Une autre a donné 35 chèques dans les hypermarchés de la région pour un total de 16.413 €.

Certaines femmes sensibles au charme, à moi inaccessible et pour moi insensé, qui se dégage d'un délinquant, acceptent de rendre service et de déposer sur leur compte un ou des chèques falsifiés.

Une autre a pris le chéquier de son arrière grand-mère et encaissé des chèques de 4100, 564, 975, 3000 € et se retrouve à l'audience face aux quatre héritiers, ses grands oncles et grande tante.

Les inexécutions de TIG

Les peines de travail d'intérêt général ne peuvent être prononcées qu'avec l'accord du condamné mais ce qu'on a accepté devant le tribunal pour éviter une peine de prison est parfois oublié, parfois ignoré sciemment dans l'espoir d'y échapper ou de tromper la société et les tribunaux.

La violation des obligations résultant de la peine d'intérêt général est punie par l'article 434-42 du code pénal de 2 ans d'emprisonnement.

Certains ne répondent pas aux convocations du juge de l'application des peines parce qu'ils ont oublié le rendez-vous, pourtant donné par écrit à l'audience, parce qu'ils ont donné une adresse inexacte (plusieurs cas) ou tout simplement parce qu'ils essaient de se soustraire à l'exécution ; il en est de même s'ils ne se rendent pas aux ateliers de la ville où ils doivent travailler (plusieurs cas).

Le tribunal a eu à connaître de non-exécution de stages de citoyenneté ou de stages de sensibilisation à la sécurité routière. Ces violations d'obligations des stages sont considérées par la loi comme des atteintes à l'autorité de la justice pénale et sont punissables de 2 ans d'emprisonnement selon l'article 434-41 du code pénal.

Les évasions

L'évasion est le fait pour un détenu de se soustraire à la garde à laquelle il est tenu ; elle est réprimée par l'article 434-27 du code pénal et punissable de 3 ans d'emprisonnement.

La plupart des évasions dont a eu à connaître le tribunal pendant mon exercice consistaient en des non-retours en centre de semi-liberté ; quelques unes consistaient dans des non-retours en prison lors de permissions de sortie.

Ainsi ce spécialiste de l'escroquerie par chèques falsifiés qui était détenu à Villepinte où il était en conflit avec son codétenu a eu une permission de sortie à Grenoble en semi-liberté d'où il a pris le train pour Paris puis l'avion pour Johannesburg, sa mère étant en Afrique du Sud ; il a été incarcéré par la justice sud-africaine pour avoir utilisé un faux passeport ; après avoir subi sa peine là-bas il est revenu volontairement à Paris pour purger la peine française et pouvoir retrouver femme et 5 enfants.

Ce véritable chien perdu sans collier de 22 ans a vu son père décéder quatre jours après son placement en chantier ; il pu aller à son enterrement mais n'est pas rentré. « Je suis pas bien dans ma tête ; je demande à aller au SMPR (le service psychiatrique de la prison)».

Deux autres détenus placés au centre de semi-liberté ne sont pas rentrés. Un autre, de la communauté des gens du voyage, ayant quatre enfants, est si repentant malgré ses 19 condamnations qu'il va malgré son non-retour avoir un bracelet : « je n'en peux plus de la prison, j'ai tout arrêté ».

Plus extraordinaire ce condamné à 6 mois de prison pour violences après un parloir-famille disparaît et n'est retrouvé dans la prison qu'une heure après. Il a fait 20 jours de mitard mais soutient qu'il s'est perdu dans la prison ; le tribunal l'a relaxé faute d'élément intentionnel de la tentative d'évasion.

Lui, bénéficiaire du régime de la semi-liberté, préparant une licence d'électronique, ne rentre pas et le juge d'application des peines a dû le faire rechercher ; il avait décidé de lui-même que selon son calcul sa peine était finie.

Parfois l'attrait de l'extérieur est tel que l'évasion est inconsidérée : à 44 ans alors qu'il lui restait 2 mois à faire il ne rejoint pas le placement extérieur... avec certitude de prolongation.

Un autre, 60 ans, a réussi à se faire hospitaliser en CHS sur demande de la maison d'arrêt ; il s'évade de cet hôpital avec l'aide de sa concubine. Par défaut le tribunal lui inflige un an supplémentaire mais il recomparaîtra.

Les délits d'exploitation d'images d'enfants à caractère pornographique

Le fait de fixer, enregistrer en vue de sa diffusion ou transmettre l'image à caractère pornographique de mineur est réprimé par l'article 227-23 du code pénal et punissable de 5 ans d'emprisonnement. En jurisprudence la preuve de l'objectif de diffusion est déduite de la seule possession d'un ordinateur dont le contenu est accessible sur internet via un logiciel de partage *peer to peer*. Le fait de consulter régulièrement un site pédo-porno, de détenir une image de ce type est punissable de 2 ans d'emprisonnement. Combien d'hommes de tous âges, souvent bien murs, et même blets, et de tous milieux se sont ainsi fait prendre ! Ils ont du mal à saisir que la sphère privée ne les protège pas et qu'elle peut être le théâtre d'infractions, son caractère secret cédant le pas à l'exigence de protection des enfants qui sans voyeurs ne seraient pas victimes d'exploitations commerciales. En voici quelques exemples.

Retraité de 72 ans il était en relation avec l'enfance comme bien des coupables de ces délits ; il dirigeait une association gérant des maisons d'accueil ; il a accumulé dans son ordinateur des images plus que douteuses ; il n'a rien conservé... que des traces de 433 fichiers pédo-pornographiques. Comme souvent la culpabilité n'affleure pas : « l'acte est condamnable, pas la tendance » dit-il « j'étais à la retraite, sans ressources, désœuvré ».

53 ans, marié, 3 enfants qui ne le voient plus, il attire des enfants chez lui avant d'entrer en cure de désintoxication et leur aurait dit : « voulez-vous avoir peur ? » parce qu'il venait de regarder les dents de la mer ;

le problème est que les enfants racontent qu'il a dit : «voulez-vous voir un film porno ? Quand vous voyez des filles nues, fermez les yeux » et qu'il est passé aux travaux pratiques !

Magasinier de 56 ans il cherchait du « piquant »; il a enregistré 52 fichiers en utilisant *peer to peer* ; il n'a aucune conscience de violation de loi, encore moins de règle.

Célibataire, 36 ans il présente une inhibition de caractère névrotique, il est frigoriste responsable de projet et a accumulé des fichiers par le même système.

Lui, 50 ans, fonctionnaire municipal, consulte régulièrement un site pédopornographique ; il a été mis à pied par son maire quand l'enquête a commencé ; il est repentant, pensait pouvoir regarder du moment que c'était privé.

A 53 ans il détient dans son ordinateur 500 Mo d'images pédopornographiques et n'a aucune conscience du délit commis.

Veuf, 51 ans, ayant deux enfants, il a dans son ordinateur 900 photos extravagantes et dégradantes et des films vidéo de mineurs. Il ne pensait pas qu'il pouvait se retrouver fiché à vie au fichier des auteurs d'infractions sexuelles et pourtant la simple consultation de quelques images soulève le cœur.

Les délits en matière routière

La matière inclut des comportements dangereux par eux-mêmes ou dangereux par leurs conséquences comme des délits involontaires.

La conduite en état alcoolique est réprimée par l'article L234-1 du code de la route (plus de 0,8 gr/l dans le sang ou de 0,4mgr/l dans l'air) et passible de 2 ans d'emprisonnement.

Le refus d'obtempérer est passible de 3 mois d'emprisonnement selon l'article L233-1 du code de la route.

Le délit de fuite est réprimé par l'article 434-10 du code pénal et passible de 3 ans d'emprisonnement.

La conduite sans permis est passible de 1 an d'emprisonnement selon l'article L221-2 du code de la route ; la conduite sans assurance est passible de 3.750 € d'amende selon l'article L324-2 du même code.

L'homicide involontaire est réprimé par l'article 221-6 du code pénal et passible de 3 ans d'emprisonnement.

On sait que le vin est objet de quasi-culte en France mais la dangerosité de l'alcool n'est pas intégrée par tous et il y a des inconsciences criminogènes voire criminelles.

Il a beau être d'âge bien mûr, 61 ans, et avoir déjà été condamné à 3 mois de prison pour conduite en état alcoolique, cet ancien employé de banque qui travaille maintenant dans les espaces verts conduit encore avec 1,21 mgr/l d'air expiré ; il avoue – trop modestement – boire 2 à 3 verres de vin par repas.

Plus jeune, 42 ans, il était chauffeur routier, il a 7 condamnations dont 4 pour conduite en état alcoolique, dit avoir quitté Niort pour « quitter ses mauvaises condamnations », n'a plus de permis, il percute deux voitures avec 0,91 mgr/l d'air pour avoir bu cinq à six pastis, un whisky et un digestif.

Plaquiste du bâtiment et roumain, deux enfants, il conduit en récidive avec 1,07 mgr/l d'air; il ne pensait pas être dangereux car « il boit comme chez lui ».

Il en est même qui croient pouvoir boire parce qu'ils circulent à vélo mais ce jeune qui a posé bien des problèmes dus à l'alcool en centre de semi-liberté franchit malgré feu rouge en VTT à toute allure un carrefour très fréquenté du centre ville.

D'autres ne veulent pas considérer les règles élémentaires : ayant 14 condamnations au casier, il vit avec la mère de ses deux enfants et ils ont besoin d'une voiture, peu importe que ni l'un ni l'autre n'aient de permis, il conduit sa Clio sans ceinture et refuse d'obtempérer à une sommation de s'arrêter ; poursuivi il perd le contrôle de sa voiture et tente de fuir à pied et de se cacher dans la cour d'une école.

28 ans il conduit sans permis, qu'il est en train de passer, et interpellé donne le nom de son frère ; il rappellera les gendarmes parce qu'il est pris de remords pour cette usurpation ; il obtiendra le permis 24 jours après les faits.

Celui-là, 19 ans, a une belle tête mais pas grand chose dedans : en conflit avec ses parents il vit seul ; repéré par les gendarmes il a refusé d'obtempérer, conduit sans permis en récidive, conduit sans assurance en récidive ; son propre père pense qu'un passage en prison lui fera comprendre quelle est sa responsabilité. Il regarde au plafond s'il y a des mouches en guise d'intérêt porté aux reproches formulés pendant toute l'audience.

A 30 ans, ayant 8 condamnations il conduit une moto en récidive sans permis, sans assurance, et donne une fausse identité.

Même un éducateur sportif, boxeur, 28 ans, récidive en conduisant en état alcoolique avec 0,77 mgr/l air et sans permis qui a déjà été annulé.

Monégasque de 27 ans il conduit sa 306 sans permis, annulé un an avant, et avec 0,57 mgr/l d'air. Il ne « va pas dire qu'il est désolé mais la confiscation de son véhicule a pénalisé trois personnes »!

Il a un CAP de serrurier et travaille comme agent d'entretien, il percute dans une glissade avec la Clio de sa sœur un camion et prend la fuite ; il tente de mettre le feu au véhicule un peu plus loin mais la police retrouve ses empreintes digitales à l'intérieur et le camionneur reconnaît la voiture.

Mais il est des actes dont les auteurs n'ont pas de volonté criminelle et qui ont des conséquences graves.

Ingénieur retraité, 64 ans, il percute un piéton en faisant une marche arrière pour se garer ; cette dame de 87 ans subit un trauma crânien et abdominal majeur et décède 3 jours plus tard. Le délit est constitué même si en bon sens la question eût pu être réservée au contentieux civil.

Elle est pharmacienne et au retour à 23h30 d'un repas chez des amis où elle a bu trois pastis et deux verres de vin blanc elle a pris le volant pour que son mari ne doive pas conduire ; elle ne pensait pas avoir 0,8 mgr/l d'air expiré sinon ils auraient pris un taxi ; elle a renversé un piéton qui traversait la route en sortant d'un restaurant dans une portion de route mal éclairée. Elle est d'une parfaite contrition : « je ne l'ai pas vu, je ne l'ai pas vu », et demande pardon à la famille tout en comprenant qu'elle ne puisse pas le lui donner. Cette famille précisément, veuve et filles, donne une haute tenue à l'audience et demande que soit considéré qu'elle n'agit pas par haine et que l'auteur s'implique en témoignant auprès des jeunes des conséquences possibles d'un comportement, ne demande pas de dommages et intérêts. Cruelle destinée mais l'humanité de certain peuple d'audience peut parfois rassurer.

Le contentieux des étrangers

Ce contentieux apparaît accessoirement à l'occasion de comparutions immédiates.

Il prend la forme d'aide à l'entrée et au séjour irrégulier d'un étranger en France ; cette aide est réprimée par l'article L622-1 du code de l'entrée et du séjour des étrangers et du droit d'asile, dit CESEDA et punissable de 5 ans d'emprisonnement.

Cette aide peut être commise en bande organisée : ainsi ces cinq trentenaires, originaires d'Annaba, ayant un intermédiaire au consulat de France à Annaba, achetaient des actes de naissance, les faisaient falsifier à Barbès et les revendaient, accompagnaient même des étrangers dans les mairies locales, où la falsification a été découverte, en touchant 200 € par accompagnement (l'accompagnant s'est enfui). D'après les écoutes si le résultat était positif ils percevaient 600 € de gratification. On retrouve dans leurs ordinateurs 176 fausses factures et 154 actes de naissance. L'un d'eux était sur facebook sous un nom modifié légèrement. Un seul avait un titre de séjour régulier.

L'apologie du terrorisme

A l'époque où notre société est agressée et où nos concitoyens sont victimes d'attentats aveugles commis par des aveugles, où la médiatisation des crimes de ces aveugles touche tout le monde il était fatal que ce drame soit vécu par tout un chacun, donc par n'importe qui et trouve un écho dans la délinquance du quotidien.

L'apologie de crime est réprimée par l'article 24 de la loi du 29 juillet 1981 et passible de 5 ans d'emprisonnement.

Le tribunal a eu à connaître par comparutions immédiates de deux jeunes de 19 et 20 ans qui avaient inscrit dans un passage à vélos de locaux d'une société de logement : « je suis Kouachi, Nique Charlie, je suis Merah ». Ils étaient titulaires de bacs pro et en recherche d'emploi... « Je veux du travail et c'est tout », ont-ils dit au tribunal et « sous le coup de la bêtise on a écrit ça ; les médias nous faisaient chier, ne parlaient que de ça depuis quinze jours. En gros on a voulu impressionner ceux qui étaient autour, c'était dans le but du journal, pas des personnes qui sont mortes »... preuve par l'absurde que ce qui se raccroche au djihadisme n'est pas une révolte de l'islam mais une révolte générationnelle ou une expression de frustration rentrée, qu'il est le prétexte d'une expression de révolte ; en ce sens quarante-huit heures de garde à vue peuvent avoir un effet de prise de conscience si ces heures sont suivies d'une éducation que le tribunal a essayé de mettre en œuvre avec un sursis avec mise à l'épreuve comportant entre autres l'obligation de suivre un stage de citoyenneté.

Les autres délits

Les infractions sont de nature très diverse : elles sont regroupées arbitrairement sous ce titre parce qu'elles n'étaient pas nombreuses et sans qu'il y ait là une appréciation ou une minimisation de leur gravité. On trouve des infractions contre les personnes, contre la propriété, contre les règles de travail, contre les règles répressives.

Le proxénétisme qui broie les personnes est réprimé par l'article 225-5 du code pénal et punissable de 7 ans d'emprisonnement pouvant aller à 10 ans s'il est accompagné de circonstances aggravantes (en groupe, mineur victime par exemple) ; on trouve souvent des femmes dans sa mise en œuvre.

Un couple d'ex-concubins, lui voulant porter beau mais un peu gras, suffisant, 30 ans, elle, 35 ans, ayant accouché de son troisième enfant, qui n'est pas de lui, pendant la période des faits reprochés, le neveu de celle-ci et le frère d'un ami de celui-là. Le groupe est tombé quand la gendarmerie d'un lieu proche de l'autoroute a appris qu'une femme se prostituait dans un hôtel ; à partir des vidéos qui montrent le chef accompagnant une fille et réglant la note d'hôtel, à partir des recherches bancaires qui montrent que le même agissait avec une autre fille de 17 ans dans un autre hôtel, à partir des déclarations des réceptionnistes, à partir des données bancaires qui permettent de retrouver des annonces sur Viva Street annonçant des « délires maghrébins » ou des « bela massages », à partir d'annonces sur internet, le passeur d'annonces, le frère d'ami, est retrouvé : informaticien, il passait les annonces et portait des sandwichs aux filles, il se dit terrorisé quand le premier sortait des liasses de billets et a fait une tentative de suicide ; la concubine arrêtée dans le midi avec deux des filles, dira qu'elle croyait que les filles travaillaient dans une entreprise de ménage créée par son ex-concubin ; son neveu servait de rabatteur et amenait les filles au chef. Les écoutes démontrent qu'il interrogeait les filles sur leurs recettes : « t'as combien ? OK à 300 je passe », ou les avertissait : « si tu ne fais pas tant, demain ce sera le goudron ! »; les trois filles ont reconnu avoir gagné 8 à 10.000 € par mois ou 1.000 € par jour ; la plus jeune s'est dite – comme souvent – amoureuse du chef ; elles se prostituaient pour les besoins quotidiens et le chef ne faisait que donner des conseils sur les tarifs ; lui avec son expérience de la procédure ne pouvait guère nier et a expliqué qu'il changeait souvent d'endroit parce qu'il était en conditionnelle de 5 ans de prison pour enlèvement et extorsion et qu'il ne respectait pas les obligations et se sentait recherché. Deux des filles étaient probablement dans la salle d'audience si leur attention particulière et des œillades peuvent le prouver et ne se sont pas constituées parties civiles.

Il ressemble à un célèbre joueur de foot mais en nettement plus gros ; il est boucher et bon enfant car il donne 300 € par mois à ses parents ; il accompagne une fille qui a porté plainte pour viol. L'enquête établit qu'elle a porté plainte parce qu'un client ne l'avait pas payée et qu'elle était amenée par lui sur une grande avenue de la ville où elle se prostituait dans des voitures, des toilettes publiques ou des halls d'immeubles ; il avoue qu'elle répartissait ses gains : 1/3 pour elle, 1/3 pour lui, 1/3 pour un autre qu'elle mettra hors de cause.

Il a 45 ans, des CAP de mécanique ou de magasinier mais il a des problèmes de dos et vit de l'AAH. Célibataire il a hérité il y a 3 ans de 15000 € mais a tout dépensé ; son but était de devenir milliardaire ; il ouvre un salon de massage *L'essentiel, bien-être,* dans son appartement mais comme il était un homme il n'a pas de client ; il passe alors des annonces sur Viva Street : « recherche masseuse non expérimentée, gains jusque 100 € par jour », quatre femmes dont une mineure sont recrutées et il apprend à la mineure à répondre au téléphone : « massage naturiste jusqu'à prestation avec finition manuelle » et quand il veut la faire travailler elle le dénonce.

D'un genre tout différent d'atteinte à la personne la soustraction d'enfant par un ascendant, réprimée par l'article 227-7 du code pénal et punissable d'1 an d'emprisonnement. Ce barbu avait emmené sa fille de deux ans pour un mariage au Maroc et ne l'a pas ramenée à sa mère ; toutefois ils correspondaient par Skype et la mère l'a rejoint au Maroc avant de revenir avec fille et père en France. Elle a retiré sa plainte et ils ont eu un autre enfant trois semaines avant l'audience.

Le harcèlement moral porte atteinte également à la personne. Il est réprimé par l'article 222-33-2 du code pénal et passible de 2 ans d'emprisonnement. Ce patron de 46 ans mène la vie dure à son chef du personnel, l'empêche de recruter, lui baisse sa prime de résultat de moitié et tient des propos injurieux audibles en le disant « trop con, bon à rien »; cet autre, directeur d'hypermarché, est accusé par un chef de vente d'électroménager de l'avoir harcelé en annonçant devant les autres employés : « celui-là je vais lui manger le cerveau » ou en demandant « il est où Zébulon ? », en tapant à coups de pied dans ses tiroirs, en disant à un client de ne pas aller le voir : « il est malade », en le traitant de « bon à rien » ou de « femmelette », tous faits qui eussent pu caractériser le harcèlement moral s'ils avaient été prouvés mais les témoins font état de propos rapportés et non entendus directement et sont mêlés au conflit conjugal qui oppose ce chef de rayon et la comptable du magasin, conflit où tous sont pris à témoin.

La non-assistance à personne en danger est réprimée par l'article 223-6 du code pénal et est punissable de 5 ans d'emprisonnement. Deux ex-concubins sont poursuivis : elle est elle-même enfant de l'ASE, vit avec un ami mais a été mariée avec le père de son fils, âgé de 2 ans, qui l'a quittée quand l'enfant avait trois mois ; un jour elle laisse l'enfant avec le copain pour aller faire le linge chez sa mère ; quand elle revient à 17 heures l'enfant hurle ; le copain explique qu'il a préparé du café et que l'enfant a renversé la casserole d'eau bouillante sur lui ; les pompiers ne seront appelés qu'à 5 heures du matin parce que le copain ne voulait pas qu'elle appelle ; l'enfant a 60% de l'épiderme brûlé et selon l'expert il a subi une immersion. La mère reprend contact progressivement avec l'enfant placé et va le voir régulièrement au centre des grands brûlés de Lyon.

Une autre jeune mère de 23 ans vit avec un garçon qui boit et se drogue ; elle a laissé son enfant de 2 ans à la garde du copain mais à son retour il a la lèvre mordue par le chien qui voulait prendre sa sucette ; le médecin à qui l'a amené sa mère voit un enfant qui ne peut plus ouvrir l'œil, qui est en coma éthylique (3,52 gr/l) et qui présente des traces de brûlure ; l'enfant a été placé et elle a quitté son infect concubin qui avait mis de la vodka dans le biberon, elle le reçoit le week-end.

La dénonciation mensongère est encore une autre forme d'atteinte personnelle. Elle est réprimée par l'article 434-26 du code pénal et passible de 6 mois d'emprisonnement. Elle a 50 ans et a accusé son voisin qui était là pantalon aux chevilles de lui avoir sauté dessus dans son jardin quand les aboiements de ses chiens l'y ont attirée mais elle n'a aucune preuve à opposer aux dénégations farouches du voisin.

Un jeune a fait citer une jeune femme de 25 ans pour

dénonciation calomnieuse de viol ; elle avait porté plainte pour viol commis au domicile de ses parents et ayant consisté en trois pénétrations anales et une pénétration vaginale par stylo ; ils échangeaient depuis plusieurs mois des messages qui avaient pris une tournure sexuelle non équivoque et elle l'avait invité chez elle et accueilli en nuisette et en string le jour où il avait selon elle voulu la forcer ; si l'examen médical avait révélé une petite déchirure d'anus et trois zones rougeâtres sur l'hymen, la chambre de l'instruction avait considéré que des rapports sans délicatesse avaient été partagés mais que le visiteur en raison du caractère de leur relation virtuelle et de l'accueil avait pu penser qu'elle consentait à des expériences et avait prononcé un non-lieu faute d'élément intentionnel. Parallèlement l'état de sidération de la victime constaté lors de la plainte et son psychisme ébranlé constaté ensuite ont permis au tribunal de dire que la mauvaise foi de la dénonciatrice n'était pas établie.

Les atteintes à la propriété privée sont rencontrées à travers la violation de domicile et les destructions de bien d'autrui.

La violation de domicile est réprimée par l'article 226-4 du code pénal et punissable d'un an d'emprisonnement. Elle peut être suscitée par des problèmes personnels : ce garçon de 20 ans a été adopté mais l'adoption a été un échec et il n'arrête pas d'ennuyer ses parents d'adoption chez qui il s'introduit constamment avec violence. Un ajournement sera ordonné pour le mettre à l'épreuve d'une discipline minimale.

La destruction de bien d'autrui est réprimée par l'article 322-1 du code pénal et punissable de 2 ans d'emprisonnement. Présenté en comparution immédiate cet asocial de 35 ans, propre, à tête ronde, a l'air d'un mamelouk ; il a incendié huit véhicules en 3 mois et le feu en a détruit huit autres par propagation. Il n'a rien à dire à ses victimes présentes ; il aura un contrôle judiciaire avec interdiction de sortir de nuit en attendant d'être expertisé mentalement et d'être jugé.

A 19 ans il utilise le véhicule de sa mère ; il suffit qu'il « s'engueule » avec sa copine, s'énerve et boive un coup de trop, c'est à dire six - sept verres, pour qu'ayant crevé il n'arrive pas à changer la roue et mette le feu au siège et au véhicule. Le comble est qu'il comparaît la veille du jour où il devait être libéré après exécution d'une révocation partielle de sursis avec mise à l'épreuve.

Ce clochard de 35 ans, tout propre en prison, qui comparaît avec une chemise ornée de palmiers, a mis le feu à la couverture et aux vêtements d'un autre compagnon de rue : il a voulu lui faire une frayeur parce qu'il avait dit des choses, des grossièretés sur les femmes, qui l'ont « travaillé »; il faut dire qu'il avait eu deux sœurs violées par son père autrefois.

L'atteinte aux règles de la société peut prendre des formes diverses. Ainsi la soustraction à l'Impôt : cette gérante de SARL de construction immobilière a omis de déclarer 130.000 € de plus-value de cession de droits et 200.000 € de dividendes ; l'élision à l'impôt a été de 183.116 €.

Les règles du travail peuvent être aussi concernées : en redressement judiciaire il a mis à la porte l'inspecteur du travail au motif qu'il était en pleine restructuration ; on lui a proposé une composition pénale de 900 € mais il trouve que c'est trop cher.

Ex-plaquiste au chômage il a poursuivi des travaux malgré arrêté en ordonnant l'interruption et ses voisins se constituent parties civiles mais la ville saisie d'une nouvelle demande de permis de construire demande que la décision soit différée pour qu'elle puisse vérifier le respect ou l'irrespect du PRI (niveau submersible).

Cette société de restauration est poursuivie pour

inexécution de travaux correctifs ordonnés en raison du risque pour la santé publique et la sécurité des consommateurs des lieux ; six mois après les faits un nouveau contrôle prouve que la situation est revenue dans la norme.

Cette gérante de bar-restaurant-hammam de 43 ans a été accusée par une dame envoyée par Pôle Emploi de pratiquer des massages devenant sexuels ; l'enquête ne l'a pas prouvé mais elle a établi que la gérante avait embauché deux personnes sans les déclarer, se rendant ainsi coupable de travail dissimulé.

L'atteinte aux règles peut encore concerner la société à travers la procédure pénale ou les règles d'exécution de peines.

Employé de banque de 50 ans il a révélé une information sur une enquête pénale à une personne susceptible d'y être impliquée, fait réprimé par l'article 434-7-2 du code pénal et passible de 2 ans d'emprisonnement ; il faut dire que la personne impliquée était une ancienne copine qui n'avait pas voulu l'épouser ! Il déclare s'être affolé et avoir voulu vérifier lui-même qu'il n'y avait pas erreur... candeur d'un amoureux encore transi !

Enfin de nombreuses affaires ont concerné des refus de prélèvement d'empreintes génétiques ou des refus de se plier aux obligations nées de l'inscription au fichier des auteurs d'infractions sexuelles (FIGEAIS) ; en ce qui concerne les empreintes le refus peut avoir été motivé par l'ignorance : « je ne savais pas que c'était un délit », ou l'incompréhension : « j'ai refusé car je n'ai rien fait », ou l'erreur alléguée voire calculée : « la procédure était nulle faute de notification de mes droits pendant la garde à vue » mais il n'y avait pas eu de garde à vue, ou par l'erreur de la poursuite : « c'est du harcèlement » alors que le prélèvement avait bien été fait lors de l'enquête ; en ce qui concerne le FIGEAIS on a oublié de donner son adresse ou on a donné une fausse adresse ou on refuse de se soumettre à ces formalités tatillonnes et réparties dans un temps très long : « je n'avais rien à perdre ».

Telle a été la matière soumise au tribunal pendant ma participation. J'ai pris le risque de la répétition voire du fastidieux parce que je voulais que le lecteur se fasse une idée concrète de ce dont connaît le tribunal, puisse réfléchir à la fois à une monotonie et à une banalité certaines mais puisse percevoir la folle diversité des situations, une même infraction n'étant jamais vécue semblablement par un délinquant et par un autre, et puisse réfléchir de lui-même à l'utilité et à l'adaptation ou l'inadaptation de la réaction sociale à la pathologie de la société avant que je ne livre quelques pistes de réflexion personnelle.

Le traitement de la matière, du contentieux soumis

J'avais fait relativement peu de pénal dans mes trente neuf ans de carrière. J'avais fait du pénal en tant que juge des enfants pendant onze ans mais du pénal spécialisé et spécifique puisque j'étais à la fois juge d'instruction, juge du siège et juge de l'application des peines pour ceux que j'appellerai mes mineurs qui m'appelaient « min juge » en patois du nord. Cette expérience va, on le verra, peser sur mon analyse ; j'ai fait du pénal particulier en siégeant comme assesseur aux assises des mineurs ; puis en tant que président j'ai présidé des correctionnelles ou siégé en correctionnelle mais pour remplacer des collègues empêchés : cette activité a été relativement modeste en comparaison de la multitude d'affaires civiles que j'ai traitées. Si je fais des moyennes j'ai dû rendre entre 15.000 et 20.000 décisions, sinon plus, dont certaines avec des conséquences importantes ; si j'ai fait peu de correctionnelle je l'ai toujours fait avec intérêt mais je n'étais pas pour autant un acteur permanent, un magistrat chargé de façon stable du tribunal correctionnel. J'ai connu des collègues qui étaient marqués par leur charge et qui à l'instar d'un célèbre parquetier vivaient leur exercice comme profession-répression. Moi je souriais quand un bâtonnier du midi, pénaliste convaincu, resté grand ami, me disait qu'il préférait les audiences de vacations tenues par des civilistes parce qu'il pouvait plus plaider en droit. C'est dire qu'en tant que juge de proximité j'ai siégé en qualité d'assesseur de correctionnelle avec un esprit ouvert, presque comme un novice, avec le confort que donne la position d'assesseur qui permet de ne pas être esclave d'un dossier et d'avoir le temps d'écouter, de chercher les textes ou la jurisprudence et surtout, surtout d'observer ce qui se passe à l'audience, ce dont je ne me suis jamais lassé.

C'est dans cet esprit d'observateur non responsable, avec mon expérience passée et en toute liberté d'esprit que je vais essayer d'analyser le traitement de ce contentieux. Les observations et conclusions n'engagent que moi bien sûr mais si par bonheur elles pouvaient faire évoluer certaines pratiques je n'aurais pas perdu mon temps à les formuler.

Le traitement se fait à l'audience, c'est-à-dire par une programmation : l'audiencement, par une tenue d'audience ; les débats, par un jugement : le délibéré et la rédaction du jugement.

L'audiencement

L'audiencement c'est-à-dire la fixation des affaires à une audience donnée est un des gros problèmes de l'organisation de la justice pénale. Ce problème se traduit par des pertes de temps considérables pour tous, magistrats, avocats, greffiers, parties, et du travail fait en vain qui sera à reprendre par tous les acteurs de la chaîne pénale, des déplacements inutiles de victimes ou de prévenus. J'avoue humblement qu'en tant qu'ancien gestionnaire je n'ai pas pu trouver de solution à ce que j'ai éprouvé comme assesseur comme un gâchis.

Pour spécifier les données du problème j'ai relevé que sur 117 audiences programmées j'en ai connu 63 qui se gonflaient d'affaires non prévues avec des comparutions immédiates qui prennent parfois bien du temps : j'ai vu des audiences où de ce fait l'examen des affaires prévues commençait trois heures après le début de l'audience.

La première mesure à prendre devrait l'être au niveau de l'organisation : il faudrait séparer audiences ordinaires et audiences de comparution immédiate ; l'expérience a été tentée quand j'étais président du tribunal avec une satisfaction assez générale mais elle suppose des moyens humains car il faut y affecter trois juges, ce qui fait que l'expérience tentée a dû être abandonnée déjà il y a plus de 20 ans en raison des vacances de postes et qu'elle est impossible actuellement en l'état des effectifs.

Pour se consacrer à l'audience ordinaire à programmer il apparaît qu'on ne peut définir de chiffre abstrait d'affaires à examiner en une audience et la logique arithmétique de ce que j'ai connu ne veut pas dire grand-chose : sur 117 audiences j'en ai vu 92 à moins de 10 dossiers prévus, donc hors comparutions immédiates, 25 à plus de 10 dossiers ; la majorité des audiences à moins de 10 dossiers était à 6 dossiers (17 audiences) mais ceci ne permet aucune déduction légitime car si seulement 4 audiences étaient à 2 dossiers il s'agissait d'agressions sexuelles dont l'examen nécessitait beaucoup de temps ; selon la nature des faits, selon le nombre de prévenus, selon le nombre de victimes et puis selon que les faits sont admis entièrement ou partiellement ou pas du tout le temps à consacrer varie considérablement.

Il n'y a donc qu'un examen qualitatif qui permette d'évaluer non arbitrairement la durée de traitement d'un dossier, c'est le premier problème à résoudre pour programmer une audience et sa solution ne dépend pas que de l'étude du dossier.

L'étude du dossier est faite par le parquet, ce qui est logique puisqu'il est l'autorité de poursuite, la citation directe par la victime qui met en mouvement l'action publique étant exceptionnelle. Le code de procédure pénale depuis 2004 a tenté de mettre en place une co-gestion des audiences puisque l'article 397 stipule que la composition prévisionnelle des audiences est fixée par décision conjointe du président du tribunal et du procureur de la République, le cas d'impossibilité de décision conjointe étant réglé par une procédure trop complexe pour qu'elle soit évoquée ici ; le président du tribunal peut déléguer cette étude de composition d'audience à chaque président de formation correctionnelle mais, on va le voir, cette cogestion est dans les faits et dans les conditions actuelles d'exercice impossible à mettre en œuvre : dans un tribunal qui a rendu 2.788 jugements pénaux en 2015, qui a rendu 7.142 décisions pénales on imagine la charge de l'étude préalable ; les présidents de correctionnelles sont tellement chargés qu'il ne peuvent trouver le temps d'aller partager cette étude prévisionnelle et il serait invivable qu'au moment d'audiencer chaque substitut les interrogeât sur le temps à consacrer à un dossier que ce président ne connaît encore pas ; la seule évaluation de fait que fait le président est celle qu'il livre au substitut quand il renvoie un dossier qu'il a étudié à une autre audience en lui demandant de prévoir tant de temps pour ce dossier, et celle-là est valable ; c'est donc la preuve qu'il s'agit d'une question de moyens humains qu'en l'état actuel la machine judiciaire n'a pas. En pratique la charge d'évaluation préalable pèse donc exclusivement sur le parquet.

Le problème se complique parce que le parquet n'est pas neutre, qu'il est soumis à la pression des temps et à la pression de l'opinion. Le temps que j'ai connu à mes débuts et surtout que mes anciens ont raconté où les audiences pouvaient se terminer au bout de trois, quatre heures est révolu. Depuis plus de 30 ans (j'ai connu ce virage en début de carrière et on a protesté en vain) les tribunaux sont soumis à la loi de la statistique et les moyens alloués dépendent du nombre des affaires qu'ils jugent et il ne faut surtout pas que ce nombre diminue d'une année sur l'autre à peine d'être encore plus démuni qu'on ne l'est actuellement ; la considération de la durée effective moyenne d'une affaire n'est même pas un critère retenu – on note la durée des audiences mais on n'en tire pas de conséquences – or les mœurs ont évolué : on l'a bien admis aux assises où l'on ne voit plus comme il y a plus de 30 ans un viol examiné en une journée, certes au détriment de la rapidité de passage des affaires ; que ne peut-on s'y essayer en correctionnelle plutôt que de voir des audiences débutées à 13h30 se terminer à 23h15 comme je l'ai vécu récemment ?

Et puis le parquet est soumis à la pression de l'opinion qui exige que la justice poursuive de plus en plus, faute de quoi elle est perçue comme laxiste. Le citoyen, mal informé, ne peut savoir que comme pour l'impôt trop de poursuite tue la poursuite et que l'efficacité sur le plan social résulte d'une poursuite bien traitée plus que d'une accumulation d'affaires à une audience ; le citoyen-victime en fait les frais quand il attend de 13h30 à 21 heures avant que son affaire ne passe, quand pour son malheur elle n'est pas renvoyée à 20 heures ! On retrouve cette pression dans le rajout à une audience programmée d'affaires qui passent en comparution immédiate ; ce système de comparution est efficace parce qu'il traite à chaud et sanctionne sur le coup – je l'ai pratiqué avec quelque succès quand j'étais juge des enfants – mais il ne faut pas s'en servir pour liquider une affaire et surtout il suppose une juridiction disponible, donc sereine, ce qui est difficile quand la juridiction qui a 10 affaires à traiter voit se rajouter 5 ou 6 comparants.

De plus l'évaluation du temps à consacrer ne dépend pas que de l'étude de l'affaire, elle dépend de la probabilité de la durée que prendra la défense.

La première inconnue de l'équation est que lors de la fixation d'une affaire la présence de l'avocat n'est pas toujours prévisible ; bien des prévenus ne viendront pas, bien des prévenus ne prendront pas d'avocat et se défendront seuls ; il n'y a que dans les affaires passées à l'instruction que la présence des avocats est quasi-sûre.

Quand la présence est sûre, le temps de la défense ne peut être tenu pour certain. La règle européenne exige que le prévenu puisse avoir une « possibilité raisonnable de présenter sa cause y compris ses preuves dans des conditions qui ne la placent pas dans une situation de net désavantage par rapport à son adversaire », « puisse présenter des observations pertinentes et vraiment entendues par le tribunal ». Quel est le temps d'observations pertinentes qui soient vraiment entendues par le tribunal ? Il est évident qu'il est relatif : s'il suffisait de programmer un temps égal à celui des réquisitions du ministère public, on pourrait y arriver mais il peut y avoir plusieurs avocats opposés au parquet : faut-il donner à chacun un temps égal à celui des réquisitions ? Et puis la logique de Boileau n'est pas celle du plaideur et « ce qui se conçoit bien et s'énonce clairement » ne peut toujours se dire en peu de « mots qui arrivent aisément ». En la matière nous serions plutôt du côté de Micromégas « nous autres, sur notre petit tas de boue, nous ne concevons rien au delà de nos usages » et les usages nous ramènent au temps de Daumier où il arrive qu'un défenseur s'égare à s'écouter, pense plus à satisfaire par la durée son client qu'à ce qui est nécessaire à convaincre le tribunal, ignore complètement l'incidence de sa longueur sur le reste de l'audience et le passage de ses confrères.

Tout de même à notre époque où l'on peut prendre un train en réservant son billet par téléphone, où l'on n'aurait pas idée de contester le temps de consultation de son médecin ou le temps d'opération de son chirurgien on devrait pouvoir interroger un défenseur sur le temps qu'il entend prendre pour sa plaidoirie et corrélativement le faire respecter au besoin et concevoir un système d'interrogation avant audience. On éviterait ainsi bien des pertes de temps.

Resterait la perte de temps la plus urticante qui est celle due aux renvois. Tout ancien professionnel que j'étais, j'ai été impressionné par la perte de temps et d'énergie causée par ces renvois : combien de temps passe un président de correctionnelle à étudier des dossiers, parfois très gros, qui au dernier moment sont renvoyés pour des causes si peu convaincantes qu'elles ne devraient pas être admises ? Combien de temps passé par des avocats qui attendent stoïquement de passer pendant des heures ? Un avocat sait longtemps à l'avance qu'il sera retenu à telle date aux assises et si la plupart annoncent les dates où ils seront indisponibles en correctionnelle il y en a encore qui font annoncer au jour où une affaire est appelée qu'ils sont retenus aux assises. Je sais bien que la considération de la personne du défenseur a un caractère noble en ce qu'elle est basée sur la confiance mais on devrait aller au delà de nos usages en pouvant faire admettre qu'une défense puisse être soutenue sur la base d'un écrit ou de notes rédigées par l'avocat choisi en confiance empêché et soutenues oralement par un collaborateur ou confrère ; il n'y aurait pas de perte de substance. Tout cela suppose une discipline qui n'est pas acquise et il est plus facile de s'en tenir aux usages. Tout cela fait que la programmation affaire par affaire est *de facto* quasi-impossible. Il faudrait un grand courage et une volonté bien affirmée pour remédier à ces défauts criants.

Enfin j'ai observé des failles dans l'audiencement, probablement dues au fait que le parquetier croule, et ce n'est pas une image, sous la masse des procédures : comment expliquer, comme on l'a vu, que seule soit poursuivie la falsificatrice de chèques sur ordres de deux profiteurs qui nient mais n'en circulent pas moins en Mercedes et sont les plus coupables ; de même les nombreuses victimes de falsifications ou escroqueries bancaires ne sont pas toujours avisées parce que la victime définitive est leur banque, elle convoquée, mais leur préjudice n'est pas constitué que de la perte temporaire d'argent : le souci de ne pas surcharger l'audience ne légitime pas cette omission qui a de plus l'inconvénient de laisser croire aux victimes que la justice ne s'occupe pas d'elles. Il y a sûrement une correction à apporter.

Les débats

Les débats forment le cœur du métier et sont le support et la condition de l'acte de juger : on est au centre de la fonction. Ils trouvent leur pleine valeur dans leur liberté, leur oralité et leur publicité. Pour accuser comme pour défendre on peut tout dire, on peut tout exprimer et on peut le faire devant tout le monde ; c'est là qu'est la qualité de notre système, comme il a son lieu d'élection pour la justice civile dans le contradictoire : il suffit d'aller assister à des audiences dans certains autres pays que la France pour s'en rendre compte ; quand on y pense il est assez fantastique qu'il n'y ait pas de diffamation punissable à partir d'écrits ou de propos d'audience (article 41 de la loi du 29 juillet 1881), seuls les propos étrangers à la cause pouvant donner lieu à une action en justice, et la publicité est là pour garantir que la justice n'est pas rendue en catimini et peut donc être critiquée par le citoyen qui a un œil sur elle. Ces règles fondamentales entérinées et réaffirmées par l'Europe vont gouverner la manière de tenir l'audience et sont si bien intégrées qu'elles ne donnent lieu qu'à très peu d'incidents.

Lieu d'expression, l'audience est naturellement un théâtre impliquant des acteurs, juges, accusateur, prévenus, défenseur, et un public. Il y a ce qui se dit et ce qui se vit ; c'est un champ d'observation inépuisable tel qu'il évite toute routine et lassitude ; les prévenus spécialement sont tellement différents et tellement impliqués que je n'ai jamais trouvé chez eux de stéréotype si j'ai pu en voir chez les professionnels quels qu'ils soient.

Les juges d'abord. Je veux rendre hommage au travail fait par les présidents de correctionnelle. La charge qu'on leur impose dans les conditions où on la leur impose n'est pas raisonnable : j'ai vu des collègues devoir tenir trois audiences correctionnelles par semaine quand par le jeu des remplacements ce n'était pas quatre, devoir tenir une audience d'intérêts civils par mois en plus, devoir présider des commissions de type contrôle des établissements psychiatriques et je leur dis, moi qui ai travaillé pendant la majeure partie de mon exercice professionnel en moyenne à ce que j'ai calculé 55 heures par semaine, mon admiration en même temps que je trouve que n'est pas toujours tenu assez compte de la lourdeur de la charge ; j'en ai vu qui en étaient à limiter sérieusement leurs loisirs et même leur sommeil et qui arrivaient épuisés même s'ils le cachaient à l'audience où je siégeais ; et pourtant je peux encore témoigner de leur souci de la qualité du travail et de leur insatisfaction de ne pouvoir y consacrer un temps suffisant à l'assurer comme ils l'auraient voulu. Je pense que quelque chose ne va pas dans l'organisation judiciaire : il n'est pas bon à mon sens que seul le président de l'audience étudie et instruise les dossiers et soit le seul pilier permanent du tribunal correctionnel. Pourquoi, comme au rugby selon Johnny Wilkinson, n'y aurait-il pas que l'esprit d'équipe qui compte ? Il faudrait restaurer ces équipes, un tribunal correctionnel ayant une composition fixe pour l'année judiciaire et le travail étant réparti entre les trois magistrats le composant. L'article 406 du code de procédure pénale permet au président de désigner un de ses assesseurs pour mener l'audience : cela permettrait de répartir le charge d'étude préalable puis après audience de rédaction de jugement et responsabiliserait tout à fait chaque membre de l'équipe : on le fait bien pour les formations civiles avec de plus en plus de difficultés, je le sais aussi. Mais on revient à l'éternelle question des moyens humains, j'incline après ma courte vie d'assesseur à croire qu'il y a des choix à faire et surtout des informations à donner au grand public.

Le président est l'âme et l'animateur de l'audience qui repose sur ses capacités à être à la fois synthétique et exhaustif, à savoir aller à l'essentiel en n'omettant rien de ce qui est nécessaire, à être pédagogue, à être clair voire orateur, à savoir exercer l'autorité non seulement pour assurer l'ordre de l'audience dont il a la police selon l'article 401 du code de procédure pénale mais aussi pour éviter que l'audience ne parte dans tous les sens, quelquefois par calcul parce qu'on préférera comme Goethe une injustice à un désordre et qu'on pourrait, pense le trublion, aussi bien condamner qu'innocenter pour en finir. C'est dire toute la tension qu'exige de lui la direction des débats. J'ai eu de la chance en tant qu'assesseur parce que j'ai retrouvé comme président de correctionnelle un magistrat que je connaissais bien, intelligent, pénaliste convaincu et en ancien juge des enfants comme moi imprégné de la dynamique de groupe à laquelle nous avions été formés, initié à la psychologie, donc ouvert aux autres, sensible à une ambiance et très soucieux d'éducation. Il interrogeait comme je l'aurais fait de façon objective et posait ses questions de façon directe aux prévenus en les regardant : en six ans pleins d'exercice je ne l'ai surpris qu'une fois en défaut de neutralité, ce qu'il a reconnu lui-même, et ce qui incidemment prouve l'influence de l'étude du dossier où un individu, multirécidiviste en l'espèce dans les faits comme dans les fausses déclarations, peut être perçu comme irritant rien qu'à la lecture des procès-verbaux. Il savait rappeler aux prévenus qu'ils étaient là pour répondre au regard de la loi, pas de la morale, savait leur faire évoquer leur passé personnel et leur passé judiciaire et leur rappeler que leurs bêtises s'appelaient des délits, savait rappeler aux agresseurs sexuels que tout était permis entre adultes consentants et que rien ne l'était sans consentement quelle que fût l'intention de l'agresseur ou l'excuse, toujours mauvaise, invoquée. J'ai apprécié également que des présidentes femmes sachent interroger des mâles parfois bien macho avec tact et sans fausse pudeur même quand il fallait plonger dans les culottes et je n'ai pas connu de professionnels qui avaient peur de leurs interlocuteurs ; je n'en ai supporté qu'un, de remplacement d'urgence, qui évoquait chaque détail sans aucun relief, il est vrai que je le soupçonne d'avoir un peu joui de faire souffrir son ancien premier président qui était ancien depuis peu !

Il faut beaucoup de tact pour interroger les victimes et les pousser, notamment en matière sexuelle à s'exprimer, il faut savoir garder un langage simple tout en étant respectueux de leur souffrance et savoir leur montrer l'importance de leur parole dans la perception de la gravité de leurs actes par les auteurs ; il faut en imposer sagement pour empêcher la haine d'éclater dans la salle d'audience.

Il faut enfin de l'autorité pour faire respecter tant par le procureur que les avocats l'équilibre des débats. C'est ça l'équité moderne des procès : traiter chaque partie de la même façon.

L'autre acteur important du procès c'est le procureur : autorité de poursuite il en a pris l'initiative et c'est lui qui réclame des comptes au nom de la société. Son arme c'est le texte de loi, ses munitions les antécédents du prévenu. Rôle capital car la loi, loi du 15 août 2014, a prôné la justice « restaurative » : on ne sait pas trop quelle en est la philosophie mais si la loi la définit comme devant permettre à une victime ainsi qu'à l'auteur d'une infraction de participer activement à la résolution des difficultés résultant de l'infraction, il fallait bien une définition aussi alambiquée pour ne pas dire comme le disait sans complexe le droit canon que l'objectif de la peine est triple : *punitio-redemptio-restitutio*, punir, racheter, indemniser. Le procureur a d'abord pour mission de demander l'application de la loi, donc la punition et c'est tout un art pour lui de faire comprendre au prévenu quelle sanction la loi attache à son acte ; il est pleinement dans son rôle quand il demande une peine en se basant sur un texte même s'il le fait sévèrement et certains s'étonnent à tort de la différence entre les peines réclamées et les peines prononcées par le tribunal ; la difficulté résulte de l'excès comme le droit peut dégénérer en abus : la réquisition n'est plus accessible au prévenu quand elle dépasse trop la moyenne notamment pour un détenu qui sait par l'ouï-dire carcéral ce qu'il risque pour tel ou tel acte ; la peur de la prison requise n'est salutaire que si la réquisition apparaît pouvoir être suivie. Une fois la peine requise le procureur peut considérer la *redemptio* et amodier ses réquisitions en fonction de la personnalité et de l'évolution possible de l'individu à punir : pour autant dans cette amodiation il est périlleux pour lui de s'engager dans des analyses de type analytique qui peuvent être arbitraires, qui peuvent étonner quand elles émanent d'une jolie jeune professionnelle qui plonge dans les noirceurs de l'âme humaine, et ne suscitent que l'interrogation de celui qui les entend quand il y comprend quelque chose, le ricanement facile de certains défenseurs et la fatigue du tribunal : ce travers est rarement mais quelquefois vécu dans la matière qui s'y prête le plus, celle des agressions sexuelles. Quant à la *restitutio*, elle est plus du registre du jugement que de celui de la réquisition sauf quand il s'agit d'ajourner un prononcé de peine pour vérifier l'accomplissement d'une indemnisation. Rôle nécessaire et noble du parquet, rôle bien rempli quelle que soit la diversité des personnes qui requièrent quand il l'est clairement et sereinement comme c'est la plupart du temps le cas.

Dans ce théâtre de la justice l'acteur principal c'est évidemment le prévenu, il faudrait écrire les prévenus tant ils sont différents les uns des autres. Le long exposé du contentieux soumis a déjà fait pressentir cette fantastique diversité physique et surtout morale : il y a des petits et des grands, des maigres et des gros, des musclés et des adipeux, des blonds et des bruns, des nerveux et des calmes, des attentifs et des indifférents, des réfléchis et des irréfléchis, des acteurs de leur existence et d'autres qui la subissent passivement.

Il y a des traits qui saillent pour l'observateur de cette humanité déviante.

Je mets à part de suite les plus durs, qui sont une infime minorité des individus présentés. Ils sont tous d'un certain âge, celui de la maturité acquise, proches de la quarantaine ou l'ayant dépassée. J'en ai vu de deux types : les amoraux ou ancrés dans l'immoralité qui n'ont aucun regret de ce qu'ils ont fait et sont tout prêts à recommencer si l'occasion se présente. Il en est ainsi en général des proxénètes qui écrasent de jeunes femmes sans aucune gêne et n'ont plus en vue que leur satisfaction personnelle d'abord financière et de jouissance de l'esclavage qu'ils imposent. L'autre type est celui des mâles dominateurs, ancrés dans la délinquance et souvent intelligents, pouvant se muer en revendicateurs voire rarement en prédicateurs de révolution avec une faculté d'abstraction : ils clameront à l'audience que « les détenus ne sont jamais entendus »; ils peuvent être aussi insensibles à la souffrance de leurs victimes qu'ils peuvent être ultrasensibles à une ambiance où ils ne dominent pas : ce délinquant chevronné se fâche parce que le tribunal rit de lui alors que moi, assesseur, je n'avais laissé échapper un sourire que parce qu'un avocat soutenait une thèse quelque peu râpée.

Hors ces cas extrêmes trois choses m'ont frappé : le contraste entre le caractère ordinaire des individus présentés et le caractère extraordinaire de ce qu'ils ont fait, la capacité de nuire voire de frapper, la motivation à base de lucre.

Ils ont l'air bien gentils, assis sur leur bancs et parlent sans élever la voix au point d'étonner et parfois d'émouvoir leurs victimes présentes à l'audience et pourtant ils ont collectionné les délits, ils ont bousculé leurs semblables, ils ont violenté des personnes âgées, les ont trompées sans vergogne ; devant des victimes encore marquées, devant un tenancier de débit de tabac qui clame qu'il résistera encore et toujours et qu'il n'a plus peur, ils apparaîtront contrits et compassionnels : « quand je vois le tort que j'ai fait », parfois même demanderont pardon ou promettront de réparer, promesse qui laissera évidemment dubitatifs les bénéficiaires. Ils peuvent même afficher leur candeur avec une contradiction interne qu'ils ne perçoivent pas : « j'ai fait douze ans, j'ai payé, je suis un honnête citoyen »… « pourtant je suis un gentil garçon… après je me coupe la tête ! » Ils peuvent aussi émettre des doutes sur l'opportunité de la poursuite : deux bagarreuses qui se sont copieusement craché dessus comme des vipères trouvent que « ça fait bizarre de passer pour ça au tribunal ».

Ce qui frappe encore plus c'est leur capacité de frapper, de donner un coup de couteau ; la disproportion est flagrante entre le but recherché et la conséquence de l'acte : on frappe un passant et lui perce le poumon pour lui arracher un téléphone ou sa sacoche. Ces garçons à l'aspect gentil ne savent réagir à une résistance qu'en cognant ou en frappant et n'ont dans cette réaction aucune limite, la seule éducation de la rue qu'ils ont reçue ne leur ayant pas enseigné qu'il y a des gestes à ne pas faire et des réactions à retenir, des personnes à respecter : il suffit qu'une petite vieille s'accroche à son sac pour qu'elle prenne un coup au visage ou soit traînée par terre. Cette gratuité et cette banalisation de la violence interrogent durement et les discours lénifiants sur l'état de la société diffusés à loisir ne les contrarient en rien ; que faire ?

reprendre l'éducation ? Il est souvent trop tard, il ne reste qu'à leur opposer la loi en espérant qu'ils réaliseront, qu'ils intégreront que l'exigence de la loi ne pourra jamais être écartée.

La troisième chose qui frappe est relative à la motivation des délinquants. Leur motivation évidente est l'esprit de lucre, le profit. On ne trouve pas chez eux d'évocation de lutte des classes ou d'inégalité injuste de revenus ; ils ne sont pas des révolutionnaires et ils sont participants à fond de la société de consommation ; il n'y a quasiment plus de recherche de satisfaction de besoins primaires, de nourriture, comme je l'ai connue encore à mes débuts ; c'est leur appétit de jouissance qui est en jeu et qu'ils veulent combler ; l'argent des autres est le moyen le plus direct de le satisfaire et donne accès à la jouissance immédiate recherchée ; c'est la même motivation primaire qui joue quand l'argent sert à acheter de la drogue, au moins la drogue douce qui ajoute un état de satisfaction passager. Le même désir de jouissance fonde le goût du paraître et la recherche de belles voitures y trouve sa justification quand elle n'est pas pour les grosses cylindrées la recherche de moyen efficace pour cambrioler et semer les forces de police.

Ces délinquants ont des attitudes diverses à l'audience. Ils répondent assez volontiers aux questions du président et je n'ai connu qu'un cas de refus qui n'a pas d'ailleurs été tenu jusqu'au bout puisque le prévenu a demandé à parler après les réquisitions du ministère public. L'information qu'impose l'article 406 du code de procédure pénale sous l'influence de l'Europe que le prévenu a le droit de répondre ou de ne pas répondre, a le droit de se taire, relève de l'incantation car on n'avait jamais vu, le moyen-âge étant dépassé, un prévenu forcé de parler à l'audience sous la contrainte, et l'information n'a guère d'objet puisque le droit de se taire n'est pas utilisé, le prévenu sachant le premier qu'il a tout intérêt à s'expliquer.

Ils avouent assez spontanément du moins au début de leur carrière ; parfois ils ne savent plus eux-mêmes se repérer dans une série de vols ou de violences, ce qui ne simplifie pas la tâche du tribunal qui doit rechercher alors tous les indices d'implication. La dénégation de ce qu'ils ont fait est plus fréquente au fil de leur expérience parce qu'ils ont appris qu'on était gagnant sauf évidence à nier, certains vieux routiers reconnaissant que l'avocat en garde à vue leur a conseillé de ne rien reconnaître.

Leur posture est éminemment variable : bien des délinquants ont tendance à se lover en position fœtale et à regarder leurs pieds et ne se redressent que sur interpellation à laquelle ils répondent souvent poliment ; d'autres regardent bien leurs interlocuteurs, peu les fixent, encore moins, mais ça arrive, les fusillent du regard. J'ai toujours été étonné de la flaccidité de certains, notamment prévenus en matière sexuelle, qui stagnent sur le banc, jambes écartées et allongées, ouvrant ainsi le champ de vision à leurs peu avenantes graisses, ce qui ne manque pas d'interroger sur l'horreur de la perception qu'ont pu avoir les victimes. J'ai peu vu de rébellions physiques : un revendiquant nerveux va évidemment se dresser pour dire sa colère ; un seul bravache tout au long des débats explose de façon imprévisible en hurlant à l'audition du verdict et il faut quatre gendarmes pour le maîtriser sous les invectives et l'emmener beuglant vers les geôles.

En général les prévenus suivent bien les débats à l'exception de ce gamin de 18 ans qui fait des risettes tout au long de l'audience, surtout à destination de ses supporters présents même après verdict. Ils sont spécialement attentifs aux réquisitions du ministère public, opinent de la tête ou protestent en remuant comme s'ils étaient sur des braises ; ils s'en remettent ensuite à leur avocat et quand ils n'en ont pas laissent échapper leur objurgation : « est-ce que ça vaut 6 mois ? » (d'avoir craché sur le surveillant de la maison d'arrêt).

Bref on retrouve, et ce n'est pas étonnant, tout le kaléidoscope de la société y compris sur les vêtements : peu comparaissent en costume et ô combien avec des tee-shirts à fleurs, des blousons ouverts y compris sur leur torse velu, des joggings plus ou moins propres à l'arrière descendant aux jumeaux. L'audience correctionnelle, c'est un théâtre avec une population de marché et on y voit la société telle qu'elle est.

Pour assister cette population vient le défenseur, l'avocat, rouage essentiel. Son rôle est perçu comme tel par les premiers intéressés, les prévenus : la preuve en est que la demande d'assistance est quasi-systématique par les détenus et réclamée par eux au prix d'un renvoi quand l'avocat n'a pu être contacté. La compétence de la chambre correctionnelle a fait que cette présence d'avocat a été fréquente de l'autre côté de la barre, comme l'on dit, pour les victimes d'agressions sexuelles.

La correctionnelle est souvent le terrain d'entraînement des jeunes avocats qui y viennent faire leurs premières armes et peuvent s'éduquer en entendant leurs collègues plus anciens au long d'attentes qu'ils subissent en application des usages si ce n'est de l'ordre d'appel des affaires retenu par le président. Les défenseurs jeunes sont donc nombreux et leur tâche n'est pas simple quand à leur âge il leur faut défendre un prévenu dont ce n'est pas la première expérience. J'ai souvent imaginé avant de les entendre leur entretien dans les geôles du sous-sol avec un détenu qui veut leur dicter le contenu de leur plaidoirie et la difficulté qu'ils pouvaient avoir à le contrer, à le persuader, voire à refuser de soutenir certaines argumentations. Il faut reconnaître qu'en général ils sont sobres et par là même efficaces.

Ma perception a évolué au cours des ans : j'avoue qu'au

début, sans doute trop frais émoulu du civil où la plaidoirie est de plus en plus, voire trop limitée, et où elle peut être remplacée par une discussion d'arguments et de moyens sans autres fioritures, j'étais rétif à la stéréotypie des plaidoiries et à l'invocation prioritaire du milieu ou de la famille pour expliquer des actes qui parfois n'avaient guère de rapport de causalité avec ceux-ci. Comme le disait haut et fort une victime, ce n'est pas ce qu'il a pensé qui compte mais ce qu'il a fait. Mais au fil du temps je revenais à plus de tolérance parce que la volonté de faire ce qu'il a fait dépendait aussi de ce qu'il avait reçu dans son éducation ou son milieu. En réalité je pensais plus aux avocats déjà spécialisés au pénal et ayant une certaine expérience qui devaient être las d'entonner toujours la même rengaine de malheur et de déficience familiale ou sociale, les mêmes *Leitmotive* d'absence d'élément intentionnel, le caractère systématiquement excessif de réquisitions du parquet et la disproportion entre la peine réclamée et la peine que méritait l'infraction. Mais c'était oublier tout ce qui se passe entre l'avocat et son client avant et après audience, tout le travail de tactique que le premier a pu faire accepter et tout le travail de persuasion qu'il pourrait mener. C'était ignorer aussi qu'il arrive, et ce n'est pas rare, que l'avocat publiquement n'émette pas d'objection à la peine requise après s'être attaché à l'explication des faits et à la manière dont cette peine, au besoin avec une amodiation, pourrait faire évoluer le délinquant.

Il faut reconnaître que leur rôle n'est pas facile : sur le plan juridique les moyens de nullité de procédures qui peuvent aboutir sont très limités et l'atteinte aux droits de la défense relève souvent de l'incantation parce qu'il est bien difficile de prouver le grief, condition de la nullité d'une irrégularité, causé à un vieux routier par une absence de notification de ses droits en garde à vue alors qu'il les connaît par cœur et les a exercés en faisant appeler son avocat ; l'avocat doit essayer mais il ne devrait pas insister et retarder l'audience avec un moyen qui ne tiendra pas. La violation de la convention européenne des droits de l'homme devient une vraie tarte à la crème : soutenir qu'un juge d'instruction n'a pas fait d'analyse de la prévention parce que l'ordonnance de renvoi au tribunal est la copie du réquisitoire du parquet c'est nier vainement qu'une analyse peut résulter de l'adoption de motifs que depuis des lustres pratiquent les juridictions du second degré, et puis à l'étude on s'aperçoit parfois que des moyens de violation sont tirés d'une lecture un peu rapide de petites notes. Par exemple soutenir que le juge d'instruction dans l'ordonnance de renvoi avait admis par avance la culpabilité du prévenu en invoquant le contenu de la note dans le code pénal sous l'article 6 de la convention montrait que l'arrêt de la cour européenne, qui n'avait rien à voir avec un renvoi devant une juridiction devant étudier la culpabilité, n'avait pas été lu puisque la cour avait sanctionné une juridiction étatique qui avait dit que sans admission d'une prescription le prévenu aurait été dit coupable.

Il serait trop facile de dire que la plaidoirie est intéressante quand elle est courte mais l'intérêt sauf talent exceptionnel du plaideur ne se soutient pas indéfiniment ; elle est donc intéressante quand elle est aussi courte que possible ; au delà de cette donnée de forme, la plaidoirie est intéressante quand elle éclaire tant sur les circonstances du fait reproché que sur la personnalité de l'auteur, et les avocats malgré la difficulté de leur tâche parviennent à créer l'intérêt quand ils se consacrent à cet objet. Je n'ai pas connu de cas où le prévenu prenait la parole pour contredire son défenseur même quand celui-ci ne minimisait pas la responsabilité. Il est même des avocats qui ont le talent de tirer leur plaidoirie de quelques procès-verbaux parmi des centaines et de faire de grandes envolées avec une voix forte à partir de peu dont on ne sait s'ils l'ont choisi au hasard ou après étude minutieuse : ils énervent fréquemment mais mon attention était souvent attirée parce que je ne boude pas l'inattendu ; il ne faut toutefois pas que le talent oratoire soit vide et je me rappelle un vieil avocat de mes débuts qui allait du droit canon à la crapule qu'il assistait et se disait d'autant meilleur qu'il connaissait peu le dossier !

Je veux dire un mot de la difficulté de la plaidoirie en matière sexuelle. Le travers du côté de la défense de la victime, souvent présente aux débats, est de se lancer dans des explications de type psychanalytique aussi bien quant au prévenu qu'au retentissement chez la victime qui sont parfois inaccessibles au prévenu, douloureuses pour la victime et peuvent apparaître arbitraires... et fatigantes au tribunal. Une certaine passion s'empare parfois des défenseurs qui versent dans l'apologétique ; dans ce domaine le danger de non-neutralité guette autant le parquetier que le défenseur de victime... et contribue à prolonger inutilement l'audience. Par contre je rends hommage aux avocats qui réussissent à favoriser l'expression des victimes bien que ce ne soit pas commode pour elles d'évoquer certains faits : cette expression est fondamentale en la matière, condition de la résilience pour la victime, condition si possible du repentir pour l'auteur. Le travers du côté du prévenu est d'essayer de tenter à tout prix d'excuser : on ne voit, presque plus, d'avocat d'agresseur sexuel invoquer la responsabilité de la victime et cette évolution est heureuse car c'était insupportable comme ajoutant au méfait ; par contre le danger de blesser est dans les termes employés : il arrive qu'un avocat, tout en s'excusant de ce qu'il va faire entendre aux victimes, profère sans s'en rendre compte des propos blessants qu'il s'agisse de données physiques ou comportementales... la pitié dangereuse...

Il arrive enfin que grâce aux avocats, aux victimes, aux auteurs, aux juges, l'audience ait une tenue exceptionnelle et rassurante ; j'ai déjà relaté cette affaire d'homicide involontaire où le destin a voulu qu'une automobiliste sortant d'une soirée entre amis ne voie pas un piéton qui ne méritait pas un sort aussi injuste qui traversait la chaussée sur une route mal éclairée ; tous avaient conscience du poids du *fatum*, aucune parole de haine n'a été prononcée, une responsabilité pleinement reconnue, des plaidoiries d'apaisement ont fait que cette audience a été de haute tenue, sans aucune déviance... cela rassure, y compris les juges.

Enfin le public au sens large a un rôle au cours de l'audience. En dehors des policiers retraités qui passent leurs après-midi à une partie de l'audience, qui écoutent, comparent, approuvent du chef ou désapprouvent, de certains policiers de garde qui en profitent pour baratiner des femmes de l'assistance, de certains autres qui ne cessent d'entrer et de sortir de la salle sauf quand ils peuvent dresser l'oreille pour tout savoir des avatars sexuels avoués ou niés mais énoncés, en dehors de l'éducateur de l'association de défense des enfants qui boit de l'eau à la bouteille tout au long de l'analyse psy, sans doute desséchante pour lui, dans laquelle se lance l'avocate de la mineure qu'il suit, il y a les supporters des prévenus, facilement repérables par leur tenue, par leurs œillades au copain qui est dans le box, par leurs sourires et même des mères avec leurs bébés, tolérés avec bienveillance tant qu'ils ne crient pas, qui profitent de la publicité pour revoir l'homme qu'elles aiment, qui essaient de l'embrasser au coin du box avant qu'il ne parte ou reparte vers la prison, ce que les présidents tolèrent tant qu'il n'y a pas d'excès, qui essaient de passer des vêtements ou des paquets, ce qui n'est jamais toléré bien sûr. Entre cette assistance et les prévenus se passent en silence des communications : des prévenus qui dévorent du regard leur compagne au point de ne regarder ni président, ni procureur ni avocat, des signes de salut, des sourires pour copines, copains ou parents et beaucoup d'expressions aussi douloureuses que silencieuses, des fusillades par regards de victimes mais aussi des haussements d'épaules de mépris ou de pitié pour la bêtise des délinquants de la part des victimes, des soupirs de détresse ou de résignation, des pleurs de vraie et profonde souffrance. J'ai souvent été frustré en tant qu'assesseur de ne pouvoir savoir qui était présent ; je faisais des hypothèses dont rien ne me disait qu'elles étaient justes et j'aurais aimé savoir avec quel auditeur ou quelle auditrice vivait le prévenu, voir qui était le père d'un gamin perdu ou non éduqué, à l'extrême savoir si ces jeunes femmes assez détendues étaient celles que le prévenu avait prostituées et contre qui elles ne se constituaient pas parties civiles, mais la publicité de l'audience ne permet pas de filtrer le public, donc de vérifier l'identité des assistants... Tant pis pour la curiosité même légitime ?

L'audience est un théâtre, lieu d'émotions d'acteurs et de spectateurs qui n'est pas joué gratuitement et qui n'a pour objet que l'application de la loi, la sanction et la recherche de l'amendement, de l'insertion ou de la réinsertion comme le dit depuis la loi du 15 août 2014 le nouvel article 130-1 du code pénal. Le rideau c'est le délibéré.

Le délibéré et le jugement

L'obligation au secret du délibéré est immuable disait la jurisprudence mais rien n'interdit de transcrire le vécu des délibérés si l'on ne révèle pas le contenu. Le lecteur observera que dans la relation des cas soumis au tribunal je n'ai mentionné les peines prononcées que par incidence ; il me paraît plus intéressant de dire comment on y arrive, comment la majorité de la collégialité les décide.

J'ai toujours été un chaud partisan de la collégialité parce qu'elle permet la confrontation des points de vue et qu'elle est une garantie contre le passionnel et contre l'arbitraire ; en ce sens elle est un confort ; il ne faut pas se faire d'illusion, elle n'est pas une garantie contre l'erreur mais on peut peut-être moins se tromper à trois que tout seul parce que souvent sur trois il y en aura un qui fera des objections qui feront réfléchir l'ensemble.

Cette collégialité au civil est technique : elle sert à chercher la bonne solution en droit ; au pénal elle est technique et plus humaine car il s'agit de chercher la bonne solution en droit appliquée à un individu donné ; cette coloration humaine fait que les avis sont plus dépendants de la personnalité de ceux qui les émettent. Je n'ai eu aucun problème avec le président de correctionnelle déjà cité qui avait les mêmes réflexes mentaux que moi mais je me suis parfois senti en décalage avec des collègues très jeunes dans la fonction qui sont plus catégoriques que leurs anciens qui ont vu défiler nombre de délinquants et d'affaires et peuvent être plus blasés sur les vertus de la répression dure ; de même les collègues femmes sont peut-être plus sévères que leurs homologues masculins mais sans doute la femme a plus le souci de l'ordre. Dans le domaine de l'alcool au volant les collègues féminines me sont apparues moins sensibles à la personnalité des auteurs quel que fût leur milieu social mais je me garderai bien d'en tirer une considération de genre ; et puis j'acceptais d'être mis en minorité comme c'est la règle de la collégialité.

Les délits d'exploitation du corps d'autrui suscitent une réaction partagée : ainsi en est-il pour l'exploitation la plus éhontée, le proxénétisme qui provoque une communion dans la nécessité de la sévérité et donc la définition de peines sévères ; le tribunal avait également un penchant pour la sévérité pour les abus de faiblesse d'autrui et, avec plus de nuances, pour les agressions sexuelles sur les faibles, mineurs, apparentés ou handicapés, plus de nuances parce que les données personnelles sont plus prégnantes en cette matière.

J'ai été étonné du poids du casier judiciaire dans la prise de décision. J'étais plus qu'amusé par les réponses de délinquants qui à la question du président : « Que pouvez-vous nous dire de votre casier ? », répondaient : « j'en suis pas fier » ou « c'étaient des erreurs de jeunesse » ou même « je ne croyais pas qu'il y en avait tant ! », et j'étais toujours prêt à tenter d'apporter une solution de rupture de cycle infernal, à tenter de donner une dernière chance que le condamné saisirait ou ne saisirait pas à ses risques et périls s'il devait revenir devant le tribunal mais ma propension à prendre ce risque n'était pas partagée *a priori* parce que le casier où sont mentionnées plus de 10 à 20 condamnations rend sceptique celui qui l'étudie, ce qui n'a pas empêché à la réflexion de prendre ce risque. J'ai relaté plus haut le cas de ce jeune trafiquant que le tribunal, plutôt que de lui infliger une peine de prison ferme, a condamné à une peine de prison avec sursis avec mise à l'épreuve avec interdiction de fréquenter la place du marché où il faisait son trafic... Il n'a pas saisi cette opportunité et a été repris huit jours plus tard sur la même place avec du cannabis... au moins il aura compris pourquoi « l'addition » – lourde – lui était présentée et n'aura pu s'en prendre qu'à lui.

Une des grandes questions que se pose la collégialité est celle de savoir s'il faut mettre ou remettre le prévenu en prison ou non. C'est une option difficile à prendre et la prise de décision est gênée par le temps qui est passé : il est à l'évidence plus facile de maintenir en détention un individu qui est présenté détenu provisoirement que de renvoyer un ex-détenu provisoire en prison à condition qu'il prouve une stabilité depuis son retour à la liberté. J'ai connu un temps où celui qui passait en « flag », maintenant comparution immédiate, était plus facilement condamné à une peine ferme que s'il avait comparu plusieurs mois après les faits. La différence potentielle de traitement est moins vraie aujourd'hui parce que sous l'influence des sciences sociales et de l'encombrement indécent des prisons les juridictions n'envoient en prison que le moins possible. J'ai vu le tribunal ne pas reculer devant la sanction quand elle lui apparaissait nécessaire, je l'ai vu aussi prendre des risques, appeler en cours de délibéré un directeur de centre d'hébergement et de service de suivi pour qu'il vienne chercher celui qui était présenté détenu provisoire à l'issue de l'audience et qu'une chance lui soit laissée.

Un dernier mot pour dire l'irritation que me causait le temps passé en délibéré à préparer les modes d'exécution de la peine : rédiger un mandat de dépôt nécessite d'appeler la greffière et d'utiliser l'ordinateur qui parfois ne peut démarrer ; rédiger à la main les notices qui seront remises au condamné pour les aménagements de peines inférieures à 2 ans ou les sursis avec mise à l'épreuve avec rendez-vous fixé devant le JAP, pour les TIG ou pour les inscriptions au fichier des auteurs d'infractions sexuelles. C'est bien d'informer en détail le condamné mais pourquoi faut-il donc que ce soient les magistrats qui doivent le faire ? N'aurait-on pu prévoir d'autres modalités ? On se pose la question quand on gratte du papier à dix heures du soir après huit heures trente d'audience.

Le jugement est ensuite prononcé et sera rédigé dans les jours qui suivent par le président dont la lourde tâche, car il y a des rédactions fort longues, ne se termine pas à la fin de l'audience...

Après quoi viendra le temps de l'appel ou de l'exécution.

Conclusion

J'ai voulu relater l'expérience que j'ai vécue avec beaucoup d'intérêt. J'espère l'avoir fait de manière intéressante ; en tout cas j'ai voulu dire la réalité de cette fonction de juge de proximité assesseur de tribunal correctionnel et je souhaite avoir fait partager mon intérêt.

Je ne peux terminer sans évoquer le devenir des juges de proximité dont l'avenir me semble assombri par une réforme dont l'effet a été jusqu'ici reporté. Depuis plus de 10 ans le juge de proximité a un exercice partagé entre activité civile et activité pénale, elle-même partagée entre jugement de contraventions et participation au tribunal correctionnel. Moyennant un gros effort de formation de ses juges non professionnels cette juridiction présentait un partage équilibré d'attributions ; or la loi du 13 décembre 2011 dont l'application a été reportée deux fois vient rompre cet équilibre : le juge de proximité, hors injonctions de payer, deviendra un assesseur civil et un assesseur correctionnel outre qu'il restera juge de police. L'unification voulue par cette loi procède d'une conception théologique parce que la plupart des juges de proximité nommés n'ont pas la compétence de rédaction des jugements civils et que ceux qui l'ont ne souhaitent plus la mettre en œuvre ; l'application de cette loi risque fort de cantonner le juge de proximité de demain à une pratique prioritaire de l'assessorat correctionnel. Il me paraît dommage de rompre l'équilibre actuel avec lequel les juges de proximité ont su trouver leur place dans l'organisation judiciaire : ces non-professionnels ont su se faire accepter et apprécier des justiciables dans la résolution des petits litiges civils ; ils apportent en correctionnelle un autre regard précisément parce qu'ils ne sont pas des professionnels et les y fixer les privera de cette fraîcheur ; il serait particulièrement bienvenu socialement de revenir sur cette réforme dans ce domaine.

Je laisse la place à ceux qui me suivent et leur souhaite la même satisfaction que celle que j'ai ressentie.

Grenoble le 4 mars 2016

Table des matières

Introduction	p. 3
Pourquoi être juge de proximité ?	5
La matière, le contentieux correctionnel traité	9
Les vols et les voleurs	13
Les violences, les menaces et les violents	19
Les agressions sexuelles	27
Les escroqueries, abus de confiance, abus de faiblesse et fraudes	39
Les stupéfiants	47
Les délits en matière d'armes	53
Les faux et usages de faux	57
Les inexécutions de TIG	59
Les évasions	61
Les délits d'exploitation d'images d'enfants à caractère pornographique	63
Les délits en matière routière	65
Le contentieux des étrangers	69
L'apologie du terrorisme	71
Les autres délits	73
Le traitement de la matière, du contentieux soumis	81
L'audiencement	83
Les débats	89
Le délibéré et le jugement	105
Conclusion	109

© 2016, Charles Catteau

Edition : BoD - Books on Demand
12/14 rond-point des Champs Elysées, 75008 Paris
Impression : Books on Demand GmbH, Norderstedt, Allemagne
ISBN : 9782322077731
Dépôt légal : juin 2016